The Yuan Dynasty:
China Under Foreign Rule

The Yuan Dynasty: China Under Foreign Rule

Dynasties of Ancient China,
Book 5

In Easy Chinese, Pinyin and English

by Jeff Pepper
and Xiao Hui Wang

Written by Jeff Pepper and Xiao Hui Wang
Cover artwork by NextMars, Liuyang, China

Map on page 6: Yuan Dynasty revised.png. (2024, February 12). Wikimedia Commons. Retrieved January 28, 2026, from https://commons.wikimedia.org/wiki/File:Yuan_Dynasty_revised.png.

ISBN: 978-1959043904
Version 5.0

Acknowledgements

Many thanks to the team at Next Mars for their beautiful cover artwork, and Jia Mei Beh, Arnaud Ysmal and Jean Agapoff for their careful proofreading. Thanks also to the scholars whose research we have utilized in this book; see the Recommended Readings in the back for a list of our favorites.

Map of the Yuan Dynasty

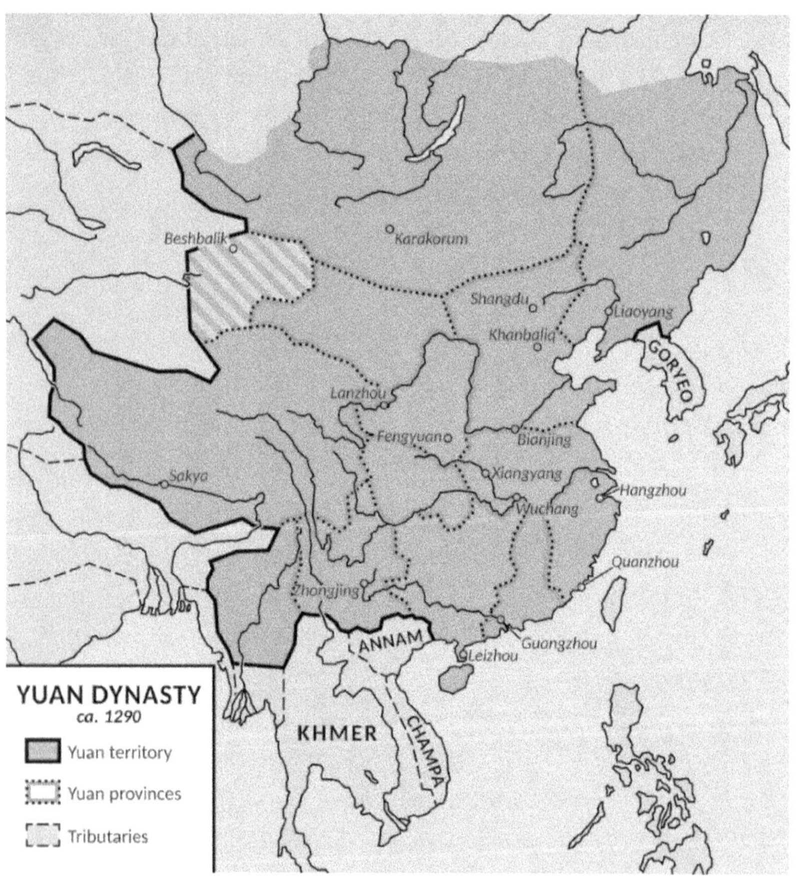

Contents

元朝：
外来统治下的中国

Yuáncháo:
Wàilái Tŏngzhì Xià De Zhōngguó

The Yuan Dynasty:
China Under Foreign Rule

Zài Zhōngguó běifāng yí gè hěn lěng de zǎoshang, yì míng qímǎ de rén chuānguò dà cǎodì. Tā qīngsōng de zuò zài mǎbèi shàng, bēizhe gōng, kànxiàng yuǎnshān.

Hěn yuǎn de nánfāng, zài yí gè rènao de chéngshì lǐ, yí wèi mǎimàirén dǎkāi le tā de diànmén, zhǔnbèi huānyíng jīntiān dì yī wèi kèrén.

Zhè liǎng gè rén shēnghuó zài tóng yí piàn tǔdì shàng, dàn shēnghuó zài wánquán bùtóng de shìjiè lǐ.

Zài Yuáncháo zhīqián, Zhōngguó búshì yí gè guójiā. Tā fēnchéng le hěnduō dìqū. Bùtóng de mínzú tǒngzhì zhe bùtóng de dìqū, ér búshì yí gè rén tǒngzhì zhe zhěnggè Zhōngguó. Bùtóng de yì

第一章
<u>元朝</u>前的世界

在<u>中国</u>北方一个很冷的早上，一名骑马的人穿过大草地。他轻松地坐在马背上，背着弓，看向远山。

很远的南方，在一个热闹的城市里，一位买卖人打开了他的店门，准备欢迎今天第一位客人。

这两个人生活在同一片土地上，但生活在完全不同的世界里。

在<u>元朝</u>之前，<u>中国</u>不是一个国家。它分成了很多地区。不同的民族统治着不同的地区，而不是一个人统治着整个<u>中国</u>。不同的一

qún rén yǒu bùtóng de tǒngzhìzhě, bùtóng de jūnduì hé bùtóng de shēnghuó fāngshì.

Sòngcháo zài Yuáncháo zhīqián tǒngzhì le Zhōngguó nánfāng de dà bùfèn dìqū. Sòngcháo zhèngfǔ zài wénhuà, xuéxí hé màoyì fāngmiàn dōu hěn qiángdà. Chéngshì hěn dà. Rénmen mǎimài huòwù, shǐyòng zhǐqián, tōngguò héliú hé dàolù lǚxíng. Xuéxiào hěn zhòngyào, hěnduō rén xuéxí shì wèi le zài zhèngfǔ gōngzuò.

Dànshì, Sòngcháo de jūnduì búxiàng qítā yìxiē mínzú de jūnduì nàyàng qiángdà. Sòngcháo tǒngzhìzhě rènwéi xuéxí hé hǎo de guǎnlǐ bǐ zhàndòu gèng zhòngyào. Zhè ràng rénmen shēnghuó de gèng hǎo, dàn dāng wàilái de dírén lái shí, yě huì dàilái máfan.

Sòngcháo yǒu yí wèi hěn yǒumíng de jiāngjūn, tā jiào Yuè Fēi. Tā zhōngchéng, gōngzuò nǔlì, rénmen fēicháng zūnjìng tā. Tā de shìbīngmen ànzhào yángé de guīzé zuòshì. Tāmen bèi yāoqiú bù cóng nóngmín nàlǐ ná shíwù, yě bùnéng shānghài pǔtōngrén. Rénmen

群人有不同的统治者、不同的军队和不同的生活方式。

宋朝在元朝之前统治了中国南方的大部分地区。宋朝政府在文化、学习和贸易方面都很强大。城市很大。人们买卖货物，使用纸钱，通过河流和道路旅行。学校很重要，很多人学习是为了在政府工作。

但是，宋朝的军队不像其他一些民族的军队那样强大。宋朝统治者认为学习和好的管理比战斗更重要。这让人们生活得更好，但当外来的敌人来时，也会带来麻烦。

宋朝有一位很有名的将军，他叫岳飞。他忠诚、工作努力，人们非常尊敬他。他的士兵们按照严格的规则做事。他们被要求不从农民那里拿食物，也不能伤害普通人。人们

shuō, tā de jūnduì "jíshǐ èzhe yě bù ná biérén de dōngxi."

Yuè Fēi rènwéi Sòngcháo tǒngzhìzhě xūyào yǒnggǎn chéngshí de zuòshì. Dàn Sòngcháo cháotíng lǐ yǒu bùtóng de yìjiàn. Yìxiē guānyuán gèng hàipà zhànzhēng ér búshì bèi dǎbài. Yuè Fēi hòulái bèi zìjǐ de zhèngfǔ zhuā qǐlái bìng shāsǐ. Hěnduō rén rènwéi tā de sǐ biǎoshì le Sòngcháo tǒngzhìzhě de yánzhòng ruòdiǎn.

Zhège gùshi shì gèng dà wèntí de yí bùfèn. Sòngcháo rènwéi xuéxí héhǎo de guǎnlǐ hěn zhòngyào, dàn tā chángcháng quēshǎo qiángdà de jūnduì tǒngzhìzhě. Zhè ràng rénmen zài dà bùfèn shíjiān lǐ shēnghuó wěndìng, dàn dāng dírén cóng wàimiàn dàolái shí, guójiā róngyì shòudào wēixiǎn.

Sòngcháo de běifāng zhùzhe hěnduō bùtóng de mínzú. Yǒuxiē rén shēnghuó zài nóngyè chéngzhèn, dàn hěnduō rén bú huì zhù zài tóng yí gè dìfang, tāmen chángcháng dàizhe tāmen de dòngwù, bǐrú mǎ,

说，他的军队"即使饿着也不拿别人的东西"。

岳飞认为宋朝统治者需要勇敢诚实地做事。但宋朝朝廷里有不同的意见。一些官员更害怕战争而不是被打败。岳飞后来被自己的政府抓起来并杀死。很多人认为他的死表示了宋朝统治者的严重弱点。

这个故事是更大问题的一部分。宋朝认为学习和好的管理很重要，但它常常缺少强大的军队统治者。这让人们在大部分时间里生活稳定，但当敌人从外面到来时，国家容易受到危险。

宋朝的北方住着很多不同的民族。有些人生活在农业城镇，但很多人不会住在同一个地方，他们常常带着他们的动物，比如马、

yáng hé niú yìqǐ zǒu. Tāmen shēnghuó zài dà
cǎoyuán shàng. Cǎoyuán shàng de shēnghuó hěn kǔ.
Rénmen bìxū qiángdà, kuài, bìngqiě zhǔnbèi hǎo
zhàndòu.

Zhèxiē běifāng mínzú zhōng yǒu Měnggǔrén. Kāishǐ
de shíhou, Měnggǔrén bìng bù tǒngyī. Tāmen
fēnchéng hěnduō xiǎoqún. Měi gè xiǎoqún dōu
gēnzhe zìjǐ de tǒngzhìzhě. Zhèxiē xiǎoqún
chángcháng wèi tǔdì, dòngwù hé quánlì hùxiāng
zhàndòu. Shēnghuó bù wěndìng, rénmen zhījiān
hùxiāng bú xìnrèn.

Měnggǔ háizi hěn xiǎo de shíhou jiù xuéhuì qímǎ.
Tāmen hái xuéhuì yìbiān qímǎ yìbiān shèjiàn.
Nánrén hé nǚrén dōu nǔlì gōngzuò. Dàjiā hùxiāng
bāngzhù. Yīnwèi zhèyàng de shēnghuó, Měnggǔrén
chéngwéi le fēicháng lìhai de zhànshì. Tāmen kěyǐ
hěn kuài xíngdòng, yě néng zài lí jiā hěn yuǎn de
dìfang zhàndòu.

Měnggǔrén hé Sòngcháo zhījiān hái yǒu qítā guójiā.
Qízhōng yí gè zhòngyào guójiā shì Nǚzhēn mínzú
tǒngzhì de Jīncháo, Jīncháo

羊和牛一起走。他们生活在大草原上。草原上的生活很苦。人们必须强大、快，并且准备好战斗。

这些北方民族中有<u>蒙古</u>人。开始的时候，<u>蒙古</u>人并不统一。他们分成很多小群。每个小群都跟着自己的统治者。这些小群常常为土地、动物和权力互相战斗。生活不稳定，人们之间互相不信任。

<u>蒙古</u>孩子很小的时候就学会骑马。他们还学会一边骑马一边射箭。男人和女人都努力工作。大家互相帮助。因为这样的生活，<u>蒙古</u>人成为了非常厉害的战士。他们可以很快行动，也能在离家很远的地方战斗。

<u>蒙古</u>人和<u>宋朝</u>之间还有其他国家。其中一个重要国家是<u>女真</u>民族统治的<u>金朝</u>，<u>金朝</u>

kòngzhì le Zhōngguó běifāng de dà bùfèn dìqū.
Jīncháo shǐyòng le Zhōngguó de guǎnlǐ zhìdù, dàn
tāmen búshì Zhōngguórén. Tāmen jīngcháng yǔ
Sòngcháo zhàndòu, bìng názǒu tǔdì.

Yīncǐ, Yuáncháo zhīqián de Zhōngguó yǐjīng fēnwéi
yóu Jīncháo tǒngzhì de běifāng hé yóu Sòngcháo
tǒngzhì de nánfāng. Tāmen zhījiān yǒu biānjiè,
chéngqiáng hé jūnduì. Yìbiān de rén dōu hàipà lìng
yìbiān.

Zài Sòngcháo de Zhōngguó, dà bùfèn rén de
shēnghuó jīhū dōu hěn hépíng. Nóngmínmen zài
tāmen de dì lǐ gōngzuò. Mǎimàirén zài shìchǎng
shàng mài huòwù. Rénmen zhùzài chéngzhèn hé
cūnzhuāng lǐ. Dàn shuì hěn gāo, yīnwèi zhèngfǔ
xūyào qián lái bǎohù biānjiè. Jíshǐ zhànzhēng
kànqilai hěn yuǎn, hěnduō rén yě huì dānxīn
zhànzhēng.

Jīncháo de tǒngzhìzhě yě gǎndào hàipà. Tāmen cóng
Sòngcháo názǒu le tǔdì, dàn dānxīn běifāng de
Měnggǔrén. Jīncháo jūnduì suīrán rén hěnduō, dàn
xíngdòng màn. Tā kào chéngshì hé chéngqiáng zhàn

控制了中国北方的大部分地区。金朝使用了中国的管理制度，但他们不是中国人。他们经常与宋朝战斗，并拿走土地。

因此，元朝之前的中国已经分为由金朝统治的北方和由宋朝统治的南方。它们之间有边界、城墙和军队。一边的人都害怕另一边。

在宋朝的中国，大部分人的生活几乎都很和平。农民们在他们的地里工作。买卖人在市场上卖货物。人们住在城镇和村庄里。但税很高，因为政府需要钱来保护边界。即使战争看起来很远，很多人也会担心战争。

金朝的统治者也感到害怕。他们从宋朝拿走了上地，但担心北方的蒙古人。金朝军队虽然人很多，但行动慢。它靠城市和城墙战

dòu. Zhè duì Sòngcháo yǒu zuòyòng, dàn duì cǎoyuán shàng fēikuài de qímǎrén zuòyòng jiù bú dà le.

Zài hěn yuǎn de běifāng, yí wèi míngjiào Tiěmùzhēn de Měnggǔ tǒngzhìzhě kāishǐ gǎibiàn jiù de shēnghuó fāngshì. Tōngguò zhànzhēng, jìshù hé qiángdà de tǒngzhì, tā bǎ hěnduō Měnggǔ mínzú qún tǒngyī qǐlái. Rénmen kāishǐ gēnzhe tā, ér búshì gēnzhe yǐqián de tǒngzhìzhě. Hòulái, tā bèi jiàozuò Chéngjísīhán.

Chéngjísīhán gǎibiàn le Měnggǔ shèhuì. Tā jiào rénmen duì tā zhōngchéng, ér bù zhǐshì duì zìjǐ de jiātíng huò zìjǐ de qún. Tā gēnjù nénglì xuǎnzé rén, ér búshì chūshēn. Tā xiěxià le rénmen kěyǐ lǐjiě de fǎlù. Tā chéngfá bú ànzhào guīzé zuòshì de rén, jiǎnglì zuò de hǎo de rén.

Chéngjísīhán dàizhe tǒngyī qǐlái de Měnggǔ jūnduì kāishǐ gōngdǎ qítā dìfang. Měnggǔrén zài běifāng yǔ Jīncháo zhàndòu. Tāmen hái gōngdǎ le hěn yuǎn de xībù dìqū. Tāmen de jūnduì

斗。这对宋朝有作用，但对草原上飞快的骑马人作用就不大了。

在很远的北方，一位名叫铁木真的蒙古统治者开始改变旧的生活方式。通过战争、技术和强大的统治，他把很多蒙古民族群统一起来。人们开始跟着他，而不是跟着以前的统治者。后来，他被叫作成吉思汗。

成吉思汗改变了蒙古社会。他教人们对他忠诚，而不只是对自己的家庭或自己的群。他根据能力选择人，而不是出身。他写下了人们可以理解的法律。他惩罚不按照规则做事的人，奖励做得好的人。

成吉思汗带着统一起来的蒙古军队开始攻打其他地方。蒙古人在北方与金朝战斗。他们还攻打了很远的西部地区。他们的军队

xíngdòng kuài. Tāmen yòng mǎ, gōngjiàn hé yìqǐ nǔlì. Hěnduō chéngshì bèi náxià. Hěnduō tǒngzhìzhě gǎndào hàipà.

Chéngjísīhán sǐ hòu, tā de érzi hé sūnzimen jìxù tā de gōngzuò. Měnggǔ Dìguó biànde fēicháng dà, fāzhǎn dào le Yàzhōu dà bùfèn dìqū. Dàn Zhōngguó hái méiyǒu wánquán bèi zhēngfú. Jīncháo réngrán tǒngzhì zhe běifāng, Sòngcháo réngrán tǒngzhì zhe nánfāng.

Suízhe shíjiān de guòqù, Měnggǔrén dǎbài le Jīncháo. Zhōngguó běifāng bèi Měnggǔ kòngzhì. Dàn Sòngcháo de nánfāng jìxù dǐkàng. Sòngcháo yǒu qiángdà de chéngshì hé bù róngyì yuèguò de héliú. Měnggǔ yǔ Sòngcháo de zhànzhēng dǎ le hěnduō nián, dàn liǎng fāngmiàn dōu méinéng huòdé shènglì.

Yìxiē Zhōngguórén hàipà Měnggǔrén hé tāmen de jūnduì. Hái yǒurén xīwàng xīn tǒngzhìzhě néng zài nánběi duōnián zhànzhēng hòu dàilái hépíng. Mǎimàirén dānxīn tāmen de shēngyi. Nóngmín dānxīn

行动快。他们用马、弓箭和一起努力。很多城市被拿下。很多统治者感到害怕。

成吉思汗死后，他的儿子和孙子们继续他的工作。蒙古帝国变得非常大，发展到了亚洲大部分地区。但中国还没有完全被征服。金朝仍然统治着北方，宋朝仍然统治着南方。

随着时间的过去，蒙古人打败了金朝。中国北方被蒙古控制。但宋朝的南方继续抵抗。宋朝有强大的城市和不容易越过的河流。蒙古与宋朝的战争打了很多年，但两方面都没能获得胜利。

一些中国人害怕蒙古人和他们的军队。还有人希望新统治者能在南北多年战争后带来和平。买卖人担心他们的生意。农民担心

tāmen de tǔdì. Guānyuánmen dānxīn zìjǐ de gōngzuò.

Měnggǔrén yǔ zhīqián de Zhōngguó tǒngzhìzhě bùtóng. Tāmen búshì cóng chéngshì huò xuéxiào chūlái de. Tāmen láizì cǎoyuán. Tāmen xiě de shū bù duō. Duì tāmen lái shuō xíngdòng bǐ shuōhuà gèng zhòngyào. Dàn tāmen xué de yě hěn kuài. Tāmen huì ràng Zhōngguó guānyuán, zhuānjiā hé lǎoshī lái bāngzhù tāmen gèng hǎo de tǒngzhì.

Yuáncháo kāishǐ zhīqián, Zhōngguó shì yí piàn bèi fēnkāi hé bèi gǎibiàn de tǔdì. Jiù cháodài biàn ruò huò dǎoxià. Xīn de quánlì zài chūxiàn. Měnggǔrén zhàn zài Zhōngguó pángbiān, bùzhǐ zàishì wàiláirén, ér shì jiānglái de tǒngzhìzhě.

Bùjiǔ, Měnggǔ tǒngzhìzhě jiāng jiànlì yí gè xīn de cháodài. Tāmen bùjǐn tǒngzhì cǎoyuán, hái yào tǒngzhì zhěnggè Zhōngguó. Zhège cháodài bèi jiàozuò Yuáncháo. Dàn yào liǎojiě Yuáncháo, wǒmen bìxū xiān liǎojiě zhège bèi fēnkāi de tǔdì, bùtóng de mínzú hé cháng shíjiān zhànzhēng de shìjiè.

他们的土地。官员们担心自己的工作。

蒙古人与之前的中国统治者不同。他们不是从城市或学校出来的。他们来自草原。他们写的书不多。对他们来说行动比说话更重要。但他们学得也很快。他们会让中国官员、专家和老师来帮助他们更好地统治。

元朝开始之前，中国是一片被分开和被改变的土地。旧朝代变弱或倒下。新的权力在出现。蒙古人站在中国旁边，不只再是外来人，而是将来的统治者。

不久，蒙古统治者将建立一个新的朝代。他们不仅统治草原，还要统治整个中国。这个朝代被叫作元朝。但要了解元朝，我们必须先了解这个被分开的土地、不同的民族和长时间战争的世界。

Yuáncháo de jiànlì fāngshì yǔ yǐqián de Zhōngguó cháodài bùtóng. Tā shì yóu yí wèi Měnggǔ tǒngzhìzhě jiànlì de, ér búshì Zhōngguórén. Tā de míngzi jiào Hūbìliè. Yào liǎojiě Yuáncháo shì zěnme kāishǐ de, wǒmen bìxū liǎojiě Měnggǔrén shì zěnme cóng zhēngfú dào tǒngzhì de.

Chéngjísīhán sǐ hòu, Měnggǔ Dìguó de jiāzú kāishǐ fēnkāi. Tā de měi gè érzi hé sūnzi tǒngzhìzhe bùtóng de dìqū. Tāmen dōu zūnshǒu Měnggǔ de xísú, dàn tāmen zhījiān bìng bù zǒngshì yìjiàn xiāngtóng de. Yǒuxiē tǒngzhì zhe xīfāng de tǔdì. Yǒuxiē tǒngzhì zhe běifāng de tǔdì. Suízhe shíjiān de guòqù, Měnggǔ Dìguó biànde fēicháng dà, dàn yě fēicháng fùzá.

Hūbìliè shì Chéngjísīhán de sūnzi. Tā zài Měnggǔrén zhōng zhǎngdà, dàn yě liǎojiě Zhōngguó de shēnghuó. Tā jiànguò Zhōngguó guān

第二章：
元朝的建立

元朝的建立方式与以前的中国朝代不同。它是由一位蒙古统治者建立的，而不是中国人。他的名字叫忽必烈。要了解元朝是怎么开始的，我们必须了解蒙古人是怎么从征服到统治的。

成吉思汗死后，蒙古帝国的家族开始分开。他的每个儿子和孙子统治着不同的地区。他们都遵守蒙古的习俗，但他们之间并不总是意见相同的。有些统治着西方的土地。有些统治着北方的土地。随着时间的过去，蒙古帝国变得非常大，但也非常复杂。

忽必烈是成吉思汗的孙子。他在蒙古人中长大，但也了解中国的生活。他见过中国官

yuán, gēn lǎoshī xuéxí Zhōngguó de shū, xuéxí
Zhōngguó zhèngfǔ de guǎnlǐ fāngshì. Zhè ràng tā yǔ
hěnduō qítā Měnggǔ tǒngzhìzhě bùtóng.

Kāishǐ de shíhou, Hūbìliè zhǐ tǒngzhì Měnggǔ de yí
bùfèn tǔdì. Dàn tā xiǎngyào gèng duō quánlì.
Jīngguò cháng shíjiān de dòuzhēng, tā chéngwéi le
Dàhán, Měnggǔ Dìguó de zuìgāo tǒngzhìzhě. Jíbiàn
nàyàng, tā yě méiyǒu zhíjiē tǒngzhì suǒyǒu de dìqū.
Qítā dìqū de yìxiē Měnggǔ tǒngzhìzhě réngrán guǎnlǐ
zhe tāmen zìjǐ de dìqū. Dàn zài Zhōngguó, Hūbìliè
yǒuzhe míngquè de kòngzhì quánlì.

Dāngshí, Zhōngguó běifāng yǐjīng zài Měnggǔ de
tǒngzhì zhīxià, yīnwèi Jīncháo yǐjīng bèi dǎbài. Dàn
Zhōngguó nánfāng réngrán yóu Sòngcháo tǒngzhì.
Sòngcháo yǒu qiángdà de chéngshì, héliú hé chuán.
Tāmen yǒu qián, yǒu shíwù, hái yǒu hěnduō rén.
Tāmen méiyǒu suíbiàn de fàngqì.

员，跟老师学习中国的书，学习中国政府的管理方式。这让他与很多其他蒙古统治者不同。

开始的时候，忽必烈只统治蒙古的一部分土地。但他想要更多权力。经过长时间的斗争，他成为了大汗，蒙古帝国的最高统治者。即便那样，他也没有直接统治所有的地区。其他地区的一些蒙古统治者仍然管理着他们自己的地区。但在中国，忽必烈有着明确的控制权力。

当时，中国北方已经在蒙古的统治之下，因为金朝已经被打败。但中国南方仍然由宋朝统治。宋朝有强大的城市、河流和船。他们有钱、有食物，还有很多人。他们没有随便地放弃。

Měnggǔ yǔ Sòngcháo zhījiān de zhànzhēng jìnxíng le hěnduō nián. Měnggǔrén xuéhuì le xīn de zhàndòu fāngshì. Tāmen shǐyòng Zhōngguó zhuānjiā zào zhànzhēng jīqì. Tāmen xuéhuì le zěnme zài héliú hé hǎi shàng zhàndòu. Tāmen yìdiǎn yìdiǎn de xiàng nán yídòng.

Zài zhè chǎng zhànzhēng zhōng, pǔtōngrén de shēnghuó fēicháng kùnnán. Jūnduì chuānguò chéngzhèn hé cūnzhuāng. Shíwù bèi názǒu. Fángzi bèi pòhuài. Hěnduō rén bùdébù bānjiā. Yǒuxiē rén èsǐ huò bìngsǐ. Qítārén bǎochí ānjìng, nǔlì huó xiàqu.

1276 nián, Sòngcháo shǒudū bèi náxià, Sòngcháo huángdì bèi zhuā. Dàn yìxiē Sòngcháo tǒngzhìzhě jìxù zhàndòu. Sòngcháo zuìhòu de shībài fāshēng zài jǐ nián hòu de 1279 nián. Měnggǔrén dì yī cì tǒngzhì le zhěnggè Zhōngguó.

Shènzhì zài Sòngcháo zuìhòu shībài zhīqián, Hūbìliè jiù zuòchū le yí gè zhòngyào juédìng. 1271 nián, tā xuānbù jiànlì xīn cháodài. Tā méiyǒu bǎ tā jiàozuò Měnggǔ cháodài. Tā bǎ tā jiào

蒙古与宋朝之间的战争进行了很多年。蒙古人学会了新的战斗方式。他们使用中国专家造战争机器。他们学会了怎么在河流和海上战斗。他们一点一点地向南移动。

在这场战争中，普通人的生活非常困难。军队穿过城镇和村庄。食物被拿走。房子被破坏。很多人不得不搬家。有些人饿死或病死。其他人保持安静，努力活下去。

1276 年，宋朝首都被拿下，宋朝皇帝被抓。但一些宋朝统治者继续战斗。宋朝最后的失败发生在几年后的 1279 年。蒙古人第一次统治了整个中国。

甚至在宋朝最后失败之前，忽必烈就做出了一个重要决定。1271 年，他宣布建立新朝代。他没有把它叫作蒙古朝代。他把它叫

zuò Yuáncháo. Zhège míngzi láizì Zhōngguórén de xiǎngfǎ, nà jiùshì guānyú shìjiè de kāishǐ hé shìjiè de dà biànhuà. Hūbìliè xuǎnzé le Zhōngguó cháodài de míngzi, sòngchū le míngquè de xìnxī. Tā bùjǐn shì zhēngfú de rén. Tā xiànzài shì Zhōngguó huángdì. Tā xiǎngyào xiàng yǐqián de huángdì nàyàng tǒngzhì Zhōngguó, dàn yào yòng zìjǐ de fāngshì.

Hūbìliè xuǎnzé le zài běifāng jiànlì shǒudū. Tā zài jīntiān Běijīng dìqū zào le xīn de shǒudū. Zhè zuò chéngshì jìhuà de hěn zǐxì. Yǒu hěn kuān de jiēdào, gāodà de jiànzhù hé jiéshí de chéngqiáng. Hūbìliè zài zhè zuò chéngshì lǐ tǒngzhì zhe tā de xīn cháodài.

Wèi le guǎnlǐ Zhōngguó, Hūbìliè xūyào bāngzhù. Měnggǔrén bǐ Zhōngguórén shǎo hěnduō. Tāmen méiyǒu bànfǎ zìjǐ qù tǒngzhì. Yīncǐ, Hūbìliè yòng le hěnduō Zhōngguó guānyuán. Tā hái yòng le láizì qítā guójiā de rén, bǐrú Zhōngyà hé Zhōngdōng de rén. Tā rènwéi, xuǎnzé rén yīnggāi kàn nénglì, ér bù jǐnjǐn shì jiā

作<u>元朝</u>。这个名字来自<u>中国</u>人的想法，那就是关于世界的开始和世界的大变化。<u>忽必烈</u>选择了<u>中国</u>朝代的名字，送出了明确的信息。他不仅是征服的人。他现在是<u>中国</u>皇帝。他想要像以前的皇帝那样统治<u>中国</u>，但要用自己的方式。

<u>忽必烈</u>选择了在北方建立首都。他在今天<u>北京</u>地区造了新的首都。这座城市计划得很仔细。有很宽的街道、高大的建筑和结实的城墙。<u>忽必烈</u>在这座城市里统治着他的新朝代。

为了管理<u>中国</u>，<u>忽必烈</u>需要帮助。<u>蒙古</u>人比<u>中国</u>人少很多。他们没有办法自己去统治。因此，<u>忽必烈</u>用了很多<u>中国</u>官员。他还用了来自其他国家的人，比如<u>中亚</u>和<u>中东</u>的人。他认为，选择人应该看能力，而不仅仅是家

zú huò chūshēng de dìfang.

Zài zhè tóngshí, Měnggǔrén kòngzhì le zuìdà de quánlì. Měnggǔrén zài shèhuì jíbié zhōng bǐ Zhōngguórén gāo. Yìxiē gōngzuò búràng Zhōngguórén zuò. Fǎlǜ duì měi gè rén bìng bù zǒngshì yíyàng de. Zhè ràng hěnduō Zhōngguó guānyuán hé hěnduō jiātíng gǎndào hěn shēngqì.

Jǐnguǎn zhèyàng, Yuáncháo zhèngfǔ zài duōnián zhànzhēng hòu dàilái le hépíng. Dàolù gǎi de gèng hǎo, mǎimài zēngjiā. Mǎimàirén kěyǐ qù hěn yuǎn de dìfang zuò mǎimài. Yóuyú Měnggǔ Dìguó yǒu hěnduō tǔdì lián zài yìqǐ, huòwù hé sīxiǎng de jiāoliú bǐ yǐqián gèng róngyì le. Sīchóu, shíwù hé qítā dōngxi bèi sòngdào hěn yuǎn de dìfang.

Hūbìliè hái zhīchí wénhuà hé xuéxí. Tā huānyíng dúshūrén jìn tā de cháotíng. Tā bǎohù bùtóng de zōngjiào. Zài Yuáncháo tǒngzhì xià, tóngshí kěyǐ yǒu Fójiào, Dàojiào, Yīsīlánjiào hé

族或出生的地方。

在这同时，蒙古人控制了最大的权力。蒙古人在社会级别中比中国人高。一些工作不让中国人做。法律对每个人并不总是一样的。这让很多中国官员和很多家庭感到很生气。

尽管这样，元朝政府在多年战争后带来了和平。道路改得更好，买卖增加。买卖人可以去很远的地方做买卖。由于蒙古帝国有很多土地连在一起，货物和思想的交流比以前更容易了。丝绸、食物和其他东西被送到很远的地方。

忽必烈还支持文化和学习。他欢迎读书人进他的朝廷。他保护不同的宗教。在元朝统治下，同时可以有佛教、道教、伊斯兰教和

Jīdūjiào. Zhè ràng Yuáncháo hé yǐqián de cháodài bùtóng, yǐqián de cháodài zhǐ zhīchí yì zhǒng zōngjiào.

Dànshì, tǒngzhì Zhōngguó bìng bù róngyì. Měnggǔrén láizì cǎoyuán, tāmen xíguàn le yídòng hé zhànzhēng, bù zhīdào zěnme tǒngzhì yí gè nóngyè shèhuì. Tāmen xūyào shōu shuì, kòngzhì hóngshuǐ. Guānyuánmen hái yào guǎnlǐ rén hěnduō de chéngshì. Cuòwù zǒngshì chūxiàn, fǔbài yě kāishǐ chūxiàn.

Yìxiē Měnggǔrén bù xǐhuan Zhōngguó de shēnghuó fāngshì. Tāmen hàipà zhù zài chéngshì lǐ huì ràng zìjǐ biàn ruò. Ér yìxiē Zhōngguórén yě bù xǐhuan Měnggǔ tǒngzhì. Tāmen juéde tāmen zài zìjǐ de guójiā lǐ jiù xiàng wàiláirén yíyàng. Zhèxiē wèntí zài cháodài jiànlì hòu yě hái zài nàlǐ.

Yuáncháo bìng búshì mǎshàng jiù jiànlì de, érshì yí gè guòchéng. Tā cóng zhēngfú kāishǐ. Suízhe Sòngcháo de dǎoxià ér jìxù, zhídào Hūbìliè zìjǐ zuò huángdì bìng xuǎnzé le Zhōngguó cháodài de

基督教。这让元朝和以前的朝代不同，以前的朝代只支持一种宗教。

但是，统治中国并不容易。蒙古人来自草原，他们习惯了移动和战争，不知道怎么统治一个农业社会。他们需要收税，控制洪水。官员们还要管理人很多的城市。错误总是出现，腐败也开始出现。

一些蒙古人不喜欢中国的生活方式。他们害怕住在城市里会让自己变弱。而一些中国人也不喜欢蒙古统治。他们觉得他们在自己的国家里就像外来人一样。这些问题在朝代建立后也还在那里。

元朝并不是马上就建立的，而是一个过程。它从征服开始。随着宋朝的倒下而继续，直到忽必烈自己做皇帝并选择了中国朝代的

míngzi.

Zhōngguó bèi yí gè búshì Zhōngguórén jiànlì de cháodài tǒngzhì, zhè zài Zhōngguó lìshǐ shàng háishì dì yī cì. Zhè duì hěnduō rén láishuō shì xīn de, yěshì chījīng de. Yǒuxiē rén jiēshòu le. Yǒuxiē rén yòng ānjìng de fāngshì dǐkàng. Dàn shēnghuó jìxù, Zhōngguó lìshǐ shàng xīn de yì zhāng kāishǐ le.

Yuáncháo bǎochí bú dào yìbǎi nián. Dàn zài nà duàn shíjiān lǐ, tā yòng zhòngyào de fāngshì gǎibiàn le Zhōngguó. Yào liǎojiě zhèxiē biànhuà, wǒmen shǒuxiān bìxū liǎojiě zhège cháodài shì zěnme jiànlì de. Tā shì tōngguò zhànzhēng, juédìng yǐjí wánquán bùtóng shìjiè de xiāngyù ér jiànlì de.

名字。

中国被一个不是中国人建立的朝代统治，这在中国历史上还是第一次。这对很多人来说是新的，也是吃惊的。有些人接受了。有些人用安静的方式抵抗。但生活继续，中国历史上新的一章开始了。

元朝保持不到一百年。但在那段时间里，它用重要的方式改变了中国。要了解这些变化，我们首先必须了解这个朝代是怎么建立的。它是通过战争、决定以及完全不同世界的相遇而建立的。

Dì Sān Zhāng:
Hūbìliè

Yīngxióng bìng bù zǒngshì wánměi de rén. Yǒuxiē yīngxióng yīnwèi yíng le zhàndòu ér bèi jìzhù. Hái yǒuxiē yīnwèi gǎibiàn le rénmen de shēnghuó fāngshì ér bèi jìzhù. Hūbìliè zhī suǒyǐ bèi jìzhù, shì yīnwèi tā liǎng gè fāngmiàn dōu zuòdào le.

Hūbìliè chūshēng zài cǎoyuán shàng de Měnggǔrén jiātíng. Xiǎoshíhou tā zhùzài zhàngpéng lǐ, ér búshì gōngtíng. Zài tā hái búhuì dúshū shí jiù huì qímǎ. Tā xuéhuì le shǐyòng gōngjiàn dǎliè. Dāng shíwù quēshǎo shí, tā xuéhuì le èzhe shēnghuó. Zǎonián shēnghuó jiāohuì le tā yǒnggǎn hé nàixīn.

Cóng tā niánqīng shí de yí gè gùshi zhōng, kěyǐ kànchū tā de xìnggé. Zài yí cì dǎliè zhōng, Hūbìliè bù xiǎoxīn yǔ tā de yì qún rén fēnkāi le. Yèwǎn dàolái, tiānqì biànde hěn lěng. Tā méiyǒu jǐnzhāng, bǎochí lěngjìng, zài mǎ pángbiān qǔnuǎn, děng

第三章：
忽必烈

英雄并不总是完美的人。有些英雄因为赢了战斗而被记住。还有些因为改变了人们的生活方式而被记住。<u>忽必烈</u>之所以被记住，是因为他两个方面都做到了。

<u>忽必烈</u>出生在草原上的<u>蒙古</u>人家庭。小时候他住在帐篷里，而不是宫廷。在他还不会读书时就会骑马。他学会了使用弓箭打猎。当食物缺少时，他学会了饿着生活。早年生活教会了他勇敢和耐心。

从他年轻时的一个故事中，可以看出他的性格。在一次打猎中，<u>忽必烈</u>不小心与他的一群人分开了。夜晚到来，天气变得很冷。他没有紧张，保持冷静，在马旁边取暖，等

dào le tiānliàng. Zhè zhǒng lěngjìng de kǎolǜ fāngshì gēnsuí tā yìshēng.

Niánqīng shí, Hūbìliè zài Zhōngguó běifāng shēnghuó guo yí duàn shíjiān. Zhè wánquán gǎibiàn le tā. Tā kàndào le dà chéngshì, rènao de shìchǎng hé dà nóngtián. Tā jiàndào le Zhōngguó guānyuán, guānyuánmen shuōhuà lěngjìng, jìhuà zǐxì. Tā rènshi dào tǒngzhì nóngmín yǔ dàilǐng zhànshì shì wánquán bùtóng de.

Yǒu yì tiān, yí wèi Zhōngguó gùwèn duì tā shuō, "Nǐ kěyǐ qímǎ zhēngfú Zhōngguó, dàn bùnéng yòng zhèyàng de fāngfǎ tǒngzhì tā." Hūbìliè jìzhù le zhè jù huà. Zhè jù huà zhǐdǎo le tā hòulái de hěnduō juédìng.

Dāng Hūbìliè chéngwéi Měnggǔrén de tǒngzhìzhě shí, tā búshì zuì qiángdà de zhànshì, dàn tā shì yí gè nàixīn tīng biérén shuōhuà de rén. Zài huìyì shàng, tā jīngcháng wèn wèntí ér búshì xià mìnglìng. Yìxiē Měnggǔ tǒngzhìzhě rènwéi zhè ràng tā kàn shàngqu

到了天亮。这种冷静的考虑方式跟随他一生。

年轻时，忽必烈在中国北方生活过一段时间。这完全改变了他。他看到了大城市、热闹的市场和大农田。他见到了中国官员，官员们说话冷静，计划仔细。他认识到统治农民与带领战士是完全不同的。

有一天，一位中国顾问对他说，"你可以骑马征服中国，但不能用这样的方法统治它。"忽必烈记住了这句话。这句话指导了他后来的很多决定。

当忽必烈成为蒙古人的统治者时，他不是最强大的战士，但他是一个耐心听别人说话的人。在会议上，他经常问问题而不是下命令。一些蒙古统治者认为这让他看上去

hěn ruò, dàn yě yǒurén rènwéi zhè shì tā de
cōngming.

Jīngguò duōnián jiāzú dòuzhēng, Hūbìliè chéngwéi le
Dàhán. Jíshǐ zhèyàng, tā de tǒngzhì yě bìng bù
ānquán. Qítā Měnggǔ tǒngzhìzhě duì tā tíchū
jìngzhēng. Yǒurén shuō tā biànde tài Zhōngguórén.
Hūbìliè duì zhè méiyǒu zhēnglùn. Tā xiāngxìn xiàng
Zhōngguó xuéxí huì ràng tā chéngwéi gèng hǎo de
tǒngzhìzhě.

Dāng Hūbìliè juédìng chéngwéi huángdì, tǒngzhì
Zhōngguó shí, hěnduō Měnggǔrén fǎnduì. Tāmen
rènwéi chéngshì huì ràng tāmen biàn ruò. Tāmen
gèng xǐhuan cǎoyuán shàng jiù de shēnghuó fāngshì.
Hūbìliè de huídá shì liǎng gè dōu yào. Tā jìxù bǎochí
Měnggǔ chuántǒng, tóngshí yě yòng le Zhōngguó de
guǎnlǐ zhìdù.

Hūbìliè zài běifāng zào le xīn de shǒudū. Tā dì yī cì lái
zhè zuò chéngshì shí, zǒuguò hěn kuān de jiēdào,
kàn rénmen gōngzuò. Tā wèn guānyuán shìchǎng de
jiàgé hé shíwù de tígōng. Tā xiǎng liǎojiě píngcháng
de shēnghuó, ér bù jǐnjǐn shì gōngtíng lǐ de shì

很弱，但也有人认为这是他的聪明。

经过多年家族斗争，忽必烈成为了大汗。即使这样，他的统治也并不安全。其他蒙古统治者对他提出竞争。有人说他变得太中国人。忽必烈对这没有争论。他相信向中国学习会让他成为更好的统治者。

当忽必烈决定成为皇帝，统治中国时，很多蒙古人反对。他们认为城市会让他们变弱。他们更喜欢草原上旧的生活方式。忽必烈的回答是两个都要。他继续保持蒙古传统，同时也用了中国的管理制度。

忽必烈在北方造了新的首都。他第一次来这座城市时，走过很宽的街道，看人们工作。他问官员市场的价格和食物的提供。他想了解平常的生活，而不仅仅是宫廷里的事

qing.

Hūbìliè xǐhuan dǎliè hé qímǎ, dàn tā yě xǐhuan Zhōngguó yìshù hé yīnyuè. Zài cháotíng shàng, tā yāoqǐng dúshūrén, sēngrén hé wàilái de kèrén. Yí wèi kèrén hòulái xiědào, Hūbìliè yìhuǐr tǎolùn zhànzhēng, yìhuǐr yòu jiǎng shīgē.

Zài Hūbìliè de tǒngzhì xià, Měnggǔrén qǔdé le duì Sòngcháo de shènglì. Zhè chǎng zhànzhēng shíjiān hěn cháng, dàijià yě hěn dà. Dāng Sòngcháo zuìhòu de dǐkàng jiéshù shí, Hūbìliè méiyǒu dàshēng qìngzhù. Xiāngfǎn, tā mìnglìng guānyuán huīfù gōngzuò, bǎohù shíwù de tígōng. Tā zhīdào shènglì yěshì zérèn.

Hūbìliè hái huānyíng láizì hěnduō dìfang de rénmen. Mǎimàirén, guānyuán hé lǚxíng de rén cóng Zhōngyà, Zhōngdōng hé Ōuzhōu láidào zhèlǐ. Hūbìliè tīng tāmen de gùshi hé xiǎngfǎ. Tā rènwéi tǒngzhìzhě yīnggāi liǎojiě gèng dà de shìjiè.

Dàn Hūbìliè yě yǒuguò cuòwù. Tā mìnglìng yòng jūnduì gōngdǎ

情。

忽必烈喜欢打猎和骑马，但他也喜欢中国艺术和音乐。在朝廷上，他邀请读书人、僧人和外来的客人。一位客人后来写道，忽必烈一会儿讨论战争，一会儿又讲诗歌。

在忽必烈的统治下，蒙古人取得了对宋朝的胜利。这场战争时间很长，代价也很大。当宋朝最后的抵抗结束时，忽必烈没有大声庆祝。相反，他命令官员恢复工作，保护食物的提供。他知道胜利也是责任。

忽必烈还欢迎来自很多地方的人们。买卖人、官员和旅行的人从中亚、中东和欧洲来到这里。忽必烈听他们的故事和想法。他认为统治者应该了解更大的世界。

但忽必烈也有过错误。他命令用军队攻打

Zhōngguó wàimiàn de dìfang, qízhōng bāokuò gōngdǎ Rìběn. Zhèxiē xíngdòng dōu shībài le. Hěnduō chuán zài dàfēng zhōng bèi pòhuài le. Shìbīngmen sǐ zài líjiā hěn yuǎn de dìfang. Hūbìliè gǎndào fēicháng shīwàng.

Zài tā lǎo de shíhou, Hūbìliè biànde gèngjiā bù kāixīn, gèngjiā ānjìng. Tā de hěnduō jiārén dōu sǐ le. Tā de shēntǐ biànde yuèláiyuè chà. Tā zài wūzi lǐ de shíjiān gèng duō le, qímǎ de shíjiān gèng shǎo le. Guānyuánmen zhùyì dào tā zuò juédìng gēng màn le. Yǒurén shuō zhè wèi lǎo zhànshì yǐjīng tài lèi le. Yě yǒurén shuō tā wèi le tǒngzhì gěichū le tài duō. Jíshǐ shì yīngxióng yě huì biàn lǎo.

Hūbìliè bìng bù wánměi, dàn tā gǎibiàn le lìshǐ. Tā jiànlì le Yuáncháo. Tā shì yí wèi wàilái huángdì què tǒngzhì le zhěnggè Zhōngguó. Tā bǎ Zhōngguó yǔ gèng dà de shìjiè lián zài yìqǐ, ràng bùtóng wénhuà hùxiāng dédào yùjiàn.

中国外面的地方，其中包括攻打日本。这些行动都失败了。很多船在大风中被破坏了。士兵们死在离家很远的地方。忽必烈感到非常失望。

在他老的时候，忽必烈变得更加不开心、更加安静。他的很多家人都死了。他的身体变得越来越差。他在屋子里的时间更多了，骑马的时间更少了。官员们注意到他做决定更慢了。有人说这位老战士已经太累了。也有人说他为了统治给出了太多。即使是英雄也会变老。

忽必烈并不完美，但他改变了历史。他建立了元朝。他是一位外来皇帝却统治了整个中国。他把中国与更大的世界连在一起，让不同文化互相得到遇见。

Hūbìliè shì yīngxióng ma? Duì Měnggǔrén lái shuō, tā shì yí wèi wěidà de tǒngzhìzhě. Duì hěnduō Zhōngguórén lái shuō, tā shì yí wèi dàilái hépíng de tǒngzhìzhě, yěshì dàilái tòngkǔ de tǒngzhìzhě. Yěxǔ tā shì yí gè zhàn zài liǎng gè shìjiè zhījiān de rén.

Yīngxióng bùjǐn yǒnggǎn huò qiángdà. Tāmen de xuǎnzé gǎibiàn le jǐ bǎiwàn rén de shēnghuó. Hūbìliè shì zhèyàng de yīngxióng. Tā de yìshēng ràng rénmen kàndào le yí gè rén shì zěnyàng bǎ bùtóng de wénhuà lián zài yìqǐ de, zěnyàng zuòchū kùnnán de juédìng, bìng zài lìshǐ shàng yǒuzhe shēnyuǎn de yǐngxiǎng.

Zài xià yì zhāng, wǒmen jiāng kàndào Hūbìliè zhīhòu de tǒngzhìzhě shì zěnyàng nǔlì de zǒu tóngyàng de lù, yǐjí tāmen zìjǐ de ruòdiǎn shì zěnyàng yǐngxiǎng Yuáncháo de fāzhǎn.

忽必烈是英雄吗？对蒙古人来说，他是一位伟大的统治者。对很多中国人来说，他是一位带来和平的统治者，也是带来痛苦的统治者。也许他是一个站在两个世界之间的人。

英雄不仅勇敢或强大。他们的选择改变了几百万人的生活。忽必烈是这样的英雄。他的一生让人们看到了一个人是怎样把不同的文化连在一起的，怎样做出困难的决定，并在历史上有着深远的影响。

在下一章，我们将看到忽必烈之后的统治者是怎样努力地走同样的路，以及他们自己的弱点是怎样影响元朝的发展。

Dì Sì Zhāng:
Zuìzǎo de Tǒngzhìzhě

Hūbìliè jiànlì le Yuáncháo, dàn tā de sǐ shì yí gè dà de gǎibiàn shíqī. Tā zài 1294 nián sǐ de shíhou yǐjīng shì lǎorén le. Tā tǒngzhì le hěnduō nián, chéngdān zhe dìguó de zhòngdà zérèn. Cháotíng lǐ de rén dānxīn jiānglái. Tāmen wèn, zài zhèyàng yí wèi qiángdà de tǒngzhìzhě zhīhòu, shuí hái néng tǒngzhì Zhōngguó?

Hūbìliè de sūnzi Tiěmù'ěr chéngwéi le xià yí gè huángdì. Tiěmù'ěr shì zài gōngtíng lǐ zhǎngdà de. Tā yìshēng yǐjīng xíguàn kànjiàn fùyǒu hé yíshì. Yǔ tā de yéye bùtóng, tā cónglái méiyǒu zài cǎoyuán shàng shēnghuó, yě méiyǒu dài jūnduì jìnxíng cháng shíjiān de zhàndòu.

Tiěmù'ěr xìnggé ānjìng xiǎoxīn. Tā bù xǐhuan zhànzhēng. Tā gèng xǐhuan wěndìng. Tā zuò de dì yī jiàn shìqing shì tíngzhǐ yìxiē

第四章：
最早的统治者

忽必烈建立了元朝，但他的死是一个大的改变时期。他在 1294 年死的时候已经是老人了。他统治了很多年，承担着帝国的重大责任。朝廷里的人担心将来。他们问，在这样一位强大的统治者之后，谁还能统治中国？

忽必烈的孙子铁穆耳成为了下一个皇帝。铁穆耳是在宫廷里长大的。他一生已经习惯看见富有和仪式。与他的爷爷不同，他从来没有在草原上生活，也没有带军队进行长时间的战斗。

铁穆耳性格安静小心。他不喜欢战争。他更喜欢稳定。他做的第一件事情是停止一些

zhànzhēng jìhuà, bìng ràng rénmen de shēnghuó gèng fàngsōng. Tā jiǎnshǎo le yí bùfèn shuì, ràng guānyuán huīfù jiù de zuòshì fāngfǎ. Hěnduō rén gǎndào qīngsōng le.

Tiěmù'ěr chángcháng duō tīng shǎo shuō. Zài cháotíng huìyì shàng, tā ràng gùwènmen zài zuò juédìng qián jìnxíng tǎolùn. Ràng tā bù fāshēng cuòwù, dàn yě ràng tā kàn qǐlái hěn ruò. Yìxiē yǒu quánlì de guānyuán xuéhuì le zěnyàng mànman de yǐngxiǎng tā.

Tiěmù'ěr zhǐ tǒngzhì le jǐ nián de shíjiān. Tā zài 1307 nián sǐqù. Tā de tǒngzhì wěndìng, dàn bìng méiyǒu jiějué tā yéye tǒngzhì xià de wèntí. Tā sǐ hòu, cháotíng biànde gèngjiā bù wěndìng.

Zhīhòu yòu yǒu jǐ wèi huángdì. Yǒuxiē huángdì zài zuò huángdì shí shēntǐ bù hǎo. Yǒu yí wèi huángdì zhǐ tǒngzhì le jǐ gè yuè jiù sǐ le. Lìng yí gè niánjì hěn xiǎo, wánquán kàozhe niánjì dà de qīnqimen bāngzhù. Hái yǒu yí wèi huángdì cháng shíjiān zài tā de

战争计划，并让人们的生活更放松。他减少了一部分税，让官员恢复旧的做事方法。很多人感到轻松了。

铁穆耳常常多听少说。在朝廷会议上，他让顾问们在做决定前进行讨论。让他不发生错误，但也让他看起来很弱。一些有权力的官员学会了怎样慢慢地影响他。

铁穆耳只统治了几年的时间。他在 1307 年死去。他的统治稳定，但并没有解决他爷爷统治下的问题。他死后，朝廷变得更加不稳定。

之后又有几位皇帝。有些皇帝在做皇帝时身体不好。有一位皇帝只统治了几个月就死了。另一个年纪很小，完全靠着年纪大的亲戚们帮助。还有一位皇帝长时间在他的

gōngtíng zhōng, jìnliàng bù yǔ guānyuán jiànmiàn, tā tōngguò hěnduō púrén hé gùwèn lái chuán tā xià de mìnglìng. Juédìng hěn màn. Dāng hóngshuǐ pòhuài nóngtián shí, bāngzhù lái de hěn wǎn.

Zhèxiē wèntí ràng rénmen gǎndào jǐnzhāng. Guānyuánmen kāishǐ gèng duō de guānxīn zěnme bǎohù zìjǐ, ér búshì zěnme wèi guójiā fúwù.

Hòulái chūxiàn le yí wèi bùtóng de tǒngzhìzhě: Ài Yù Lí Bá Lì Bā Dá. Tā duì zhōngwén xuéxí fēicháng gǎn xìngqù. Tā dú Rújiā de shū, rìrìyèyè de yǔ dúshūrén tǎolùn. Yǔ qítā Měnggǔ tǒngzhìzhě bùtóng, tā rènwéi jiàoyù hěn zhòngyào.

Ài Yù Lí Bá Lì Bā Dá huīfù le jìnrù zhèngfǔ de kǎoshì. Zhè shì yí gè zhòngyào de shíhou. Děng le duōnián de dúshūrén zhōngyú kàndào le xīwàng. Yí wèi guānyuán hòulái xiědào, kǎoshì huīfù shí, hěnduō rén yīnwèi fàngxià le dānxīn ér kū le qǐlái.

宫廷中，尽量不与官员见面，他通过很多仆人和顾问来传他下的命令。决定很慢。当洪水破坏农田时，帮助来得很晚。

这些问题让人们感到紧张。官员们开始更多地关心怎么保护自己，而不是怎么为国家服务。

后来出现了一位不同的统治者：<u>爱育黎拔力八达</u>。他对中文学习非常感兴趣。他读<u>儒家</u>的书，日日夜夜地与读书人讨论。与其他<u>蒙古</u>统治者不同，他认为教育很重要。

<u>爱育黎拔力八达</u>恢复了进入政府的考试。这是一个重要的时候。等了多年的读书人终于看到了希望。一位官员后来写道，考试恢复时，很多人因为放下了担心而哭了起来。

Ài Yù Lí Bá Lì Bā Dá hái xiǎngyào jiǎnshǎo fǔbài. Tā chéngfá nàxiē bù gōngzhèng shōu qián de guānyuán. Tā yǔ měi gè rén tǎolùn gōngzhèng yǔ zérèn. Duǎn shíjiān lǐ, rénmen xiāngxìn Yuáncháo kěnéng huì zàicì qiángdà.

Dàn Ài Yù Lí Bá Lì Bā Dá yùdào le dǐkàng. Měnggǔ guìzú bù xǐhuan shīqù quánlì. Yǒuxiē rén bù tīng tā de mìnglìng. Hái yǒurén děngzhe tā sǐ. Dāng tā zuìhòu sǐqù shí, tā zuòguò de hěnduō shìqing dōu bù cúnzài le.

Hòulái de huángdìmen biǎoxiàn chū gèng shǎo de yōudiǎn. Yǒu yí wèi tǒngzhìzhě hěn ài xiǎngshòu. Tā yòng hěnduō de shíjiān chīhē, kàn biǎoyǎn. Dāng tā xiǎngshòu shūfu de shēnghuó shí, guānyuánmen què zài jìngzhēng quánlì hé qián. Zài rénmen zhōng tǎolùn zhe guānyú huángdì de gùshi, shuō tā shènzhì bù zhīdào mǐ de jiàgé. Tāmen shuō tā cónglái méiyǒu líkāi guò gōngtíng. Zhèxiē gùshi shì zhēn shì jiǎ bìng bú zhòngyào. Tāmen biǎoxiàn chū rénmen jīhū duì tāmen de tǒngzhìzhě méiyǒu xìnxīn.

爱育黎拔力八达还想要减少腐败。他惩罚那些不公正收钱的官员。他与每个人讨论公正与责任。短时间里，人们相信元朝可能会再次强大。

但爱育黎拔力八达遇到了抵抗。蒙古贵族不喜欢失去权力。有些人不听他的命令。还有人等着他死。当他最后死去时，他做过的很多事情都不存在了。

后来的皇帝们表现出更少的优点。有一位统治者很爱享受。他用很多的时间吃喝、看表演。当他享受舒服的生活时，官员们却在竞争权力和钱。在人们中讨论着关于皇帝的故事，说他甚至不知道米的价格。他们说他从来没有离开过宫廷。这些故事是真是假并不重要。它们表现出人们几乎对他们的统治者没有信心。

Cháotíng shēnghuó biànde hěn wēixiǎn.
Guānyuánmen hùxiāng shuōchū biérén zuò de wéifǎ
shìqing. Yǒuxiē rén tūrán jiù bú ràng zuòshì le. Lìng
yìxiē rén méiyǒu míngquè de yuányīn jiù shòudào
chéngfá. Guānyuánmen zhǐyǒu hàipà, méi le
zhōngchéng.

Huángdìmen kāishǐ yuèláiyuè duō de tīng yì xiǎo qún
gùwèn de yìjiàn, zhèxiē gùwèn kòngzhì zhe huángdì
yǔ tāmen jiànmiàn de jīhuì. Rúguǒ yǒurén xūyào
bāngzhù, tāmen yàome fùqián, yàome děng.
Zhèyàng de zhìdù jiākuài le fǔbài, ràng rénmen
fēicháng shēngqì.

Zài zhè tóngshí, yóuyú tǒngzhìzhě méiyǒu nénglì,
pǔtōngrén shòu le hěnduō kǔ. Méiyǒu yuányīn jiù
zēngjiā shuì. Méiyǒu guǎnlǐ hóngshuǐ. Tígōng gěi
shìbīng de dōngxi hěn shǎo. Pànluàn fāshēng shí,
zhèngfǔ fǎnyìng hěn màn.

Dào le Yuáncháo hòumiàn de jǐ nián, hěnduō rén
rènwéi huángdìmen yǐjīng shīqù le tiānmìng. Zài
Zhōngguó de chuántǒng zhōng, zhè yìsi

朝廷生活变得很危险。官员们互相说出别人做的违法事情。有些人突然就不让做事了。另一些人没有明确的原因就受到惩罚。官员们只有害怕，没了忠诚。

皇帝们开始越来越多地听一小群顾问的意见，这些顾问控制着皇帝与他们见面的机会。如果有人需要帮助，他们要么付钱，要么等。这样的制度加快了腐败，让人们非常生气。

在这同时，由于统治者没有能力，普通人受了很多苦。没有原因就增加税。没有管理洪水。提供给士兵的东西很少。叛乱发生时，政府反应很慢。

到了元朝后面的几年，很多人认为皇帝们已经失去了天命。在中国的传统中，这意思

shì tiānmìng bú zài zhīchí tāmen. Zhè zhǒng xiǎngfǎ mànman de chuán kāilái, què yǒu hěn qiángdà de yǐngxiǎng.

Hūbìliè zhīhòu de zhèxiē tǒngzhìzhě bìng búshì quánbù dōu cánkù huò bù cōngming. Hěnduō rén xiǎngyào hǎohǎo tǒngzhì. Dàn tāmen méiyǒu Hūbìliè de nénglì hé jīngyàn, yě búshì wěidà de tǒngzhìzhě. Tāmen zìjǐ de xiǎo ruòdiǎn biànchéng le dà de wèntí.

Zhè jiùshì cháodài cóng lǐmiàn biàn ruò de yuányīn. Rúguǒ hòumiàn de tǒngzhìzhě méiyǒu bànfǎ bǎochí, zài qiángdà de jīchǔ yěshì bùxíng de. Lìshǐ shì yóu tǒngzhìzhě de xíguàn, píngshí de xuǎnzé hé xīnlǐ de hàipà zǔchéng de.

Xià yì zhāng, wǒmen jiāng líkāi gōngtíng, kànkan pǔtōngrén de shēnghuó. Cóng tāmen píngshí de nǔlì hé tòngkǔ zhōng kàndào le Yuáncháo hěn ruò de tǒngzhì dàilái de zhēnzhèng dàijià.

是天命不再支持他们。这种想法慢慢地传开来，却有很强大的影响。

<u>忽必烈</u>之后的这些统治者并不是全部都残酷或不聪明。很多人想要好好统治。但他们没有<u>忽必烈</u>的能力和经验，也不是伟大的统治者。他们自己的小弱点变成了大的问题。

这就是朝代从里面变弱的原因。如果后面的统治者没有办法保持，再强大的基础也是不行的。历史是由统治者的习惯、平时的选择和心里的害怕组成的。

下一章，我们将离开宫廷，看看普通人的生活。从他们平时的努力和痛苦中看到了<u>元朝</u>很弱的统治带来的真正代价。

Dì Wǔ Zhāng:
Pǔtōngrén de Shēnghuó

Zài Yuáncháo tǒngzhì xià, dà bùfèn rén búshì huángdì, guānyuán huò shìbīng. Tāmen shì nóngmín, gōngrén, shāngdiàn zhǔrén hé nǔlì shēnghuó de jiātíng. Tāmen de shēnghuó shòudào tǔdì, shuì, gōngzuò hé duì jiānglái de dānxīn de yǐngxiǎng.

Zài nóngcūn, nóngmín jiātíng cóng zǎoshang gōngzuò dào shēnyè. Zài nánfāng, hěnduō rén zhòng dàmǐ. Zài běifāng, xiǎomài hé xiǎomǐ hěn chángjiàn. Jiātíng zhījiān yìqǐ gōngzuò. Fùmǔ, háizi hé yéye nǎinai dōu zài nóngtián lǐ bāngmáng.

Yí wèi nóngmín jìde zìjǐ měitiān tàiyáng chūlái qián qǐchuáng. Tā shuō, "Tǔdì bú zàihu shuí tǒngzhì Zhōngguó. Zhuāngjia háishì xūyào shuǐ, cǎo yě bìxū chúdiào." Dàn shōu shuì de rén què hěn zàihu. Tāmen měinián dōu huì lái, yāoqiú jiāo liángshi huò bèi lā qù zuògōng.

第五章:
普通人的生活

在元朝统治下，大部分人不是皇帝、官员或士兵。他们是农民、工人、商店主人和努力生活的家庭。他们的生活受到土地、税、工作和对将来的担心的影响。

在农村，农民家庭从早上工作到深夜。在南方，很多人种大米。在北方，小麦和小米很常见。家庭之间一起工作。父母、孩子和爷爷奶奶都在农田里帮忙。

一位农民记得自己每天太阳出来前起床。他说，"土地不在乎谁统治中国。庄稼还是需要水，草也必须除掉。"但收税的人却很在乎。他们每年都会来，要求交粮食或被拉去做工。

Zài Yuáncháo, shuì chángcháng hěn zhòng. Yìxiē nóngmín yòng liángshi fù. Qítā rén bèi lā qù zài dàolù huò zhèngfǔ jiànzhù zuògōng. Rúguǒ guānyuán chéngshí, shēnghuó jiù hěn nán, dàn rúguǒ guānyuán fǔbài, shēnghuó jiù biànde hěn cánkù.

Yǒu yí gè shì yǒuguān yí gè cūnzhuāng de gùshi, yì míng guānyuán yào de liángshi bǐ fǎlǜ guīdìng de duō. Nóngmínmen hé tā zhēnglùn, dàn guānyuán gàosu shuō tāmen huì shòudào chéngfá. Zuìhòu, měi gè jiātíng bǎ tāmen de yí bùfèn liángshi fàngzài shān lǐ, ràng shōu shuì de rén zhǎo bu dào. Tāmen dùguò le dōngtiān, dàn yìzhí shēnghuó zài jíqí de hàipà zhōng.

Hěnduō niánqīngrén bèi zhuā qù jūnduì huò lā qù zuògōng. Yǒuxiē rén zàiyě méiyǒu huílái. Yí wèi mǔqīn děng érzi děng le hěnduō nián. Tā yìzhí bǎ tā de chuáng bǎochí de hěn gānjìng, tā de yīfu zhěnglǐ de hěn hǎo, xīwàng tā néng huíjiā. Dàn tā zàiyě méiyǒu huílái.

在<u>元朝</u>，税常常很重。一些农民用粮食付。其他人被拉去在道路或政府建筑做工。如果官员诚实，生活就很难，但如果官员腐败，生活就变得很残酷。

有一个是有关一个村庄的故事，一名官员要的粮食比法律规定的多。农民们和他争论，但官员告诉说他们会受到惩罚。最后，每个家庭把他们的一部分粮食放在山里，让收税的人找不到。他们度过了冬天，但一直生活在极其的害怕中。

很多年轻人被抓去军队或拉去做工。有些人再也没有回来。一位母亲等儿子等了很多年。她一直把他的床保持得很干净，他的衣服整理得很好，希望他能回家。但他再也没有回来。

Chéngshì lǐ de shēnghuó bùtóng, dàn yě bù róngyì. Chéngshì lǐ rén duō yòu chǎo. Jiēdào shàng quán shì mǎchē, dòngwù hé zǒulù de rén. Shāngdiàn mài shíwù, bù, gōngjù hé zhǐ. Shìchǎng cóng zǎo dào wǎn dōu hěn rènao.

Chéngshì de shāngdiàn zhǔrén bùdébù yòng zhǐqián. Gāng kāishǐ, tāmen xǐhuan zhǐqián, yīnwèi tā yòu qīng yòu fāngbiàn dài. Dàn hòulái tāmen biànde hěn shēngqì, yīnwèi tāmen xūyào yuèláiyuè duō de zhǐqián lái mǎi xiāngtóng de huòwù. Shāngdiàn zhǔrén tígāo jiàgé, gùkèmen hěn bù mǎnyì.

Chéngshì gōngrén zuòzhe gèzhǒng gōngzuò. Yǒuxiē rén zuò xiézi huò zuò yīfu. Yǒuxiē rén zài chuánshàng gōngzuò. Fù gěi tāmen de qián chángcháng hěn dī, gōngzuò yě bù wěndìng. Shēngyì hǎo de shíhou, rénmen néng chīhǎo, dàn dāng shēngyì bù hǎo de shíhou, rénmen jiù huì shòu'è.

Yīnwèi Yuáncháo tǒngzhì zhe hěnduō tǔdì, chéngshì lǐ zhùzhe gè

城市里的生活不同，但也不容易。城市里人多又吵。街道上全是马车、动物和走路的人。商店卖食物、布、工具和纸。市场从早到晚都很热闹。

城市的商店主人不得不用纸钱。刚开始，他们喜欢纸钱，因为它又轻又方便带。但后来他们变得很生气，因为他们需要越来越多的纸钱来买相同的货物。商店主人提高价格，顾客们很不满意。

城市工人做着各种工作。有些人做鞋子或做衣服。有些人在船上工作。付给他们的钱常常很低，工作也不稳定。生意好的时候，人们能吃好，但当生意不好的时候，人们就会受饿。

因为元朝统治着很多土地，城市里住着各

zhǒng bùtóng de rén. Láizì Zhōngyà, Zhōngdōng yǐjí qítā dìfang de rén yìqǐ shēnghuó zài Zhōngguó de chéngshì zhōng. Kěyǐ kàndào bùtóng de shíwù, yīfu hé tīngdào bùtóng de yǔyán.

Yì tiáo jiēdào shàng kěnéng yǒu yì jiā Zhōngguó de mài chá shāngdiàn, yì jiā Mùsīlín de mài ròu shāngdiàn, hái yǒu yí gè mài bù de wàilái mǎimàirén. Yǒuxiē rén duì línjū gǎndào hàoqí, dàn yě yǒurén bù xǐhuan tāmen, yīnwèi tāmen hé zìjǐ bù yíyàng. Yǒushí huì fāshēng zhēnglùn, dàn píngcháng de shēnghuó réngrán jìxù.

Shèhuì guīzé shēnshen yǐngxiǎng le pǔtōngrén. Měnggǔrén yǒu tèbié de quánlì. Tāmen chángcháng fù gèng shǎo de shuì, shòudào de chéngfá yě gèng qīng. Zhōngguórén, yóuqí shì nánfāngrén, dédào de bǎohù què gèng shǎo. Zhè ràng rénmen hěn shēngqì.

Yí gè xiǎo zhēnglùn yě kěnéng huì biànde hěn yánzhòng. Yǒu yí gè gùshi jiǎng le yí wèi Zhōngguó nóngmín hé yí wèi Měnggǔrén wèi le shì shuí de tǔdì ér fāshēng zhēnglùn. Fǎyuàn hěn kuài jiù juédìng

种不同的人。来自中亚、中东以及其他地方的人一起生活在中国的城市中。可以看到不同的食物、衣服和听到不同的语言。

一条街道上可能有一家中国的卖茶商店、一家穆斯林的卖肉商店，还有一个卖布的外来买卖人。有些人对邻居感到好奇，但也有人不喜欢他们，因为他们和自己不一样。有时会发生争论，但平常的生活仍然继续。

社会规则深深影响了普通人。蒙古人有特别的权利。他们常常付更少的税，受到的惩罚也更轻。中国人，尤其是南方人，得到的保护却更少。这让人们很生气。

一个小争论也可能会变得很严重。有一个故事讲了一位中国农民和一位蒙古人为了是谁的土地而发生争论。法院很快就决定

zhīchí Měnggǔrén. Nóngmín shénme dōu méiyǒu shuō, dàn shēngqì de huí le jiā. Línjūmen lǐjiě tā, yě dōu hěn shēngqì.

Jíbiàn nàyàng, jiātíng shēnghuó réngrán zài jìxù. Rénmen jiéhūn, yǎngdà háizi, bìng zūnjìng zǔxiān. Réngrán qìngzhù jiérì. Jiérì qījiān, jiālǐ huì zuò tèbié de shíwù, jiǎng gùshi. Zhèxiē dōu dàilái le ānjìng wěndìng de xīnqíng.

Zōngjiào zài píngcháng de shēnghuó zhōng yǒuzhe zhòngyào zuòyòng. Sìmiào hé zōngjiàolóu shì rénmen dédào xīwàng de dìfang. Dāng shēnghuó yǒu bù gōngzhèng de shíhou, rénmen huì qǐdǎo. Yí wèi zài hóngshuǐ zhōng shīqù jiā de nǚrén měitiān dōu qù sìmiào. Tā shuō zhè bāngzhù tā dùguò le tòngkǔ.

Gùshi hé xìjù zài pǔtōngrén zhōng hěn shòu huānyíng. Zài chéngshì lǐ, rénmen huì zài yìqǐ kàn xìjù. Zhèxiē gùshi chángcháng jiǎng le chéngshí de rén zài fǔbài guānyuán shǒuxià shòukǔ. Rénmen xiàozhe, kūzhe, diǎntóu biǎoshì tóngyì.

支持蒙古人。农民什么都没有说，但生气地回了家。邻居们理解他，也都很生气。

即便那样，家庭生活仍然在继续。人们结婚、养大孩子，并尊敬祖先。仍然庆祝节日。节日期间，家里会做特别的食物，讲故事。这些都带来了安静稳定的心情。

宗教在平常的生活中有着重要作用。寺庙和宗教楼是人们得到希望的地方。当生活有不公正的时候，人们会祈祷。一位在洪水中失去家的女人每天都去寺庙。她说这帮助她度过了痛苦。

故事和戏剧在普通人中很受欢迎。在城市里，人们会在一起看戏剧。这些故事常常讲了诚实的人在腐败官员手下受苦。人们笑着、哭着，点头表示同意。

Yí wèi gōngrén shuō tā xǐhuan zhèxiē xìjù, yīnwèi "tāmen dàibiǎo le xiàng wǒ zhèyàng de rén." Xìjù ràng rénmen nénggòu shuōchū nàxiē méiyǒu bànfǎ shuōchū de gǎnshòu.

Jǐnguǎn shēnghuó tòngkǔ, rénmen bìng bù zǒngshì bú kuàilè. Háizimen réngrán zài jiēdào hé nóngtián lǐ wán. Línjūmen zài kùnnán de shíhou hùxiāng bāngzhù. Zài cūnzhuāng lǐ, dāng yǒurén méiyǒu shíwù shí, rénmen huì bǎ zìjǐ de shíwù gěi méiyǒu dōngxi chī de línjū.

Dàn hàipà zǒngshì cúnzài. Hóngshuǐ, shuì, zhànzhēng hé pànluàn kěnéng tūrán chūxiàn. Hěnduō jiātíng zhǔnbèi le xiǎobāo, zài tāmen bùdébù táolí de shíhou yòng.

Yuáncháo de shēnghuó bù jǐnjǐn shì yǒuguān tòngkǔ huò hépíng. Érshì guānyú huó xiàqu. Pǔtōngrén xuéhuì le zěnyàng shìyìng ér bú bèi dǎbài. Tāmen hùxiāng bāngzhù, děngzhe shēnghuó biànde hǎo qǐlái.

一位工人说他喜欢这些戏剧，因为"它们代表了像我这样的人"。戏剧让人们能够说出那些没有办法说出的感受。

尽管生活痛苦，人们并不总是不快乐。孩子们仍然在街道和农田里玩。邻居们在困难的时候互相帮助。在村庄里，当有人没有食物时，人们会把自己的食物给没有东西吃的邻居。

但害怕总是存在。洪水、税、战争和叛乱可能突然出现。很多家庭准备了小包，在他们不得不逃离的时候用。

元朝的生活不仅仅是有关痛苦或和平。而是关于活下去。普通人学会了怎样适应而不被打败。他们互相帮助，等着生活变得好起来。

Zhèngshì tāmen zhè zhǒng ānjìng de jiānchí ràng shèhuì bǎochí zhe jìxù, jíshǐ tǒngzhìzhě shībài yě bù dǎoxià. Yào zhēnzhèng liǎojiè Yuáncháo, wǒmen bìxū jìzhù zhèxiē rén. Tāmen shì nóngmín, gōngrén hé tāmen de jiātíng, tāmen tōngguò píngcháng shēnghuó bǎ lìshǐ jìxù le xiàqu.

正是他们这种安静的坚持让社会保持着继续，即使统治者失败也不倒下。要真正了解元朝，我们必须记住这些人。他们是农民、工人和他们的家庭，他们通过平常生活把历史继续了下去。

Yuáncháo shíqí de sīxiǎng hé xìnyǎng shòudào bùtóng wénhuà de yǐngxiǎng, bùtóng zōngjiào hé bùtóng shēnghuó fāngshì de rénmen de yǐngxiǎng. Yóuyú tǒngzhìzhě shì Měnggǔrén, Zhōngguó bǐ yǐqián gèng kāifàng de jiēshòu xīn sīxiǎng. Dàn zhè tóngshí, hěnduō jiù chuántǒng bèi jiǎnruò, zhè dàilái le shīqù dàn yě dàilái le jīhuì.

Qízhōng yí wèi hěn zhòngyào de rén shì Zàngchuán Fójiào sēngrén Bāsībā. Tā niánqīng shí bèi yāoqǐng dào Hūbìliè de cháotíng. Bāsībā lěngjìng zìxìn. Tā jiǎng Fójiào qīngchu, hěn yǒu yǐngxiǎng. Hūbìliè duì tā fēicháng zūnjìng.

Bāsībā chéngwéi Hūbìliè de jīngshén lǎoshī. Tā jiǎng le Fójiào guānyú tòngkǔ, yùwàng kòngzhì hé zérèn de kànfǎ. Hūbìliè rènwéi zhèxiē kànfǎ néng bāngzhù tā gèng hǎo de tǒngzhì guójiā. Yīnwèi zhè zhǒng guānxì, Zàngchuán Fójiào zài Yuáncháo shíqī dédào

第六章：
思想、信仰与学习

元朝时期的思想和信仰受到不同文化的影响、不同宗教和不同生活方式的人们的影响。由于统治者是蒙古人，中国比以前更开放地接受新思想。但这同时，很多旧传统被减弱，这带来了失去但也带来了机会。

其中一位很重要的人是藏传佛教僧人八思巴。他年轻时被邀请到忽必烈的朝廷。八思巴冷静自信。他讲佛教清楚、很有影响。忽必烈对他非常尊敬。

八思巴成为忽必烈的精神老师。他讲了佛教关于痛苦、欲望控制和责任的看法。忽必烈认为这些看法能帮助他更好地统治国家。因为这种关系，藏传佛教在元朝时期得到

le tèbié de zhīchí. Dāng Hūbìliè miànduì kùnnan juédìng shí, tā yǒushí huì wèn Bāsībā, ér búshì jiāngjūn huò guānyuán. Zhè shuōmíng tā bùjǐn kào guīdìng, yě hěn zhùyì jīngshén shàng de zhǐdǎo.

Zài zhè tóngshí, hěnduō Rújiā dúshūrén guò de hěn nán. Yuáncháo zhīqián, dúshūrén tōngguò dúshū hé cānjiā kǎoshì chéngwéi guānyuán. Dàn zài Yuáncháo kāishǐ de shíhou, kǎoshì zhìdù jiù bèi tíngzhǐ le. Yí wèi dúshūrén xiědào, zhè gǎnjué jiù xiàng "yì tiáo lù tūrán duàn le".

Yìxiē dúshūrén jùjué wèi Yuáncháo fúwù. Tāmen rènwéi wèi wàilái tǒngzhìzhě fúwù shì cuòwù de. Tāmen jiù zài jiālǐ jiāo xuéshēng, huòzhě xiěshū. Yí wèi dúshūrén ānjìng de shēnghuó zài nóngcūn, báitiān zhòngcài, wǎnshang xiěshī. Tā de shīgē xiě de shì shīqù, huíyì yǔ nàixīn.

Qítā dúshūrén zuòchū le bùtóng de xuǎnzé. Tāmen wèi Yuán

了特别的支持。当<u>忽必烈</u>面对困难决定时，他有时会问<u>八思巴</u>，而不是将军或官员。这说明他不仅靠规定，也很注意精神上的指导。

在这同时，很多<u>儒家</u>读书人过得很难。<u>元朝</u>之前，读书人通过读书和参加考试成为官员。但在<u>元朝</u>开始的时候，考试制度就被停止了。一位读书人写道，这感觉就像"一条路突然断了"。

一些读书人拒绝为<u>元朝</u>服务。他们认为为外来统治者服务是错误的。他们就在家里教学生，或者写书。一位读书人安静地生活在农村，白天种菜，晚上写诗。他的诗歌写的是失去、回忆与耐心。

其他读书人做出了不同的选择。他们为<u>元</u>

cháo zhèngfǔ zuòshì, xīwàng zài zhìdù nèi bǎohù xuéxí Zhōngguó wénhuà. Yǒu yí wèi dúshūrén Ní Zàn xuǎnzé ānjìng de shēnghuó, zhèyàng kěyǐ bú wèi zhèngfǔ zuòshì. Zài tā de shīgē zhōng, tā chángcháng xiě duì shíjiān de liúzǒu hé yǔ shìjiè fēnlí de gǎnjué. Tā xiě de dōngxi shuōchū le shīwàng dàn bù shēngqì, nàixīn dàn bú fàngqì. Zài tā de yì shǒu shī zhōng, tā xiědào,

> Tā xiě shuǐbiān yì jiān ānjìng de xiǎowū,
> Rìzi mànman liúguò,
> Péngyou zài yuǎnfāng,
> Xīn xuéhuì le ānjìng.

Hòulái, Yuáncháo huīfù le jìnrù zhèngfǔ de kǎoshì. Dāng zhè jiàn shì fāshēng shí, hěnduō dúshūrén dōu hěn gāoxìng. Yǒu yí gè rén zhōngyú néng zài zuìhòu qù cānjiā kǎoshì, nàshí tā yǐjīng shì zhōngnián le. Tā děng le jīhū yìshēng. Dāng tōngguò kǎoshì hòu, tā xiàng shūběn jūgōng, liúxià le yǎnlèi.

朝政府做事，希望在制度内保护学习中国文化。有一位读书人倪瓒选择安静的生活，这样可以不为政府做事。在他的诗歌中，他常常写对时间的流走和与世界分离的感觉。他写的东西说出了失望但不生气，耐心但不放弃。在他的一首诗中，他写道，

> 他写水边一间安静的小屋，
>
> 日子慢慢流过，
>
> 朋友在远方，
>
> 心学会了安静。

后来，元朝恢复了进入政府的考试。当这件事发生时，很多读书人都很高兴。有一个人终于能在最后去参加考试，那时他已经是中年了。他等了几乎一生。当通过考试后，他向书本鞠躬，流下了眼泪。

Yuáncháo shíqī, Yīsīlánjiào biànde gèng shòu zhùyì le. Hěnduō Mùsīlín mǎimàirén hé guānyuán láizì Zhōngyà. Tāmen dàilái le xīn de shíwù, xísú hé xìnyǎng. Zài yìxiē chéngshì lǐ zào le qīngzhēnsì. Mùsīlín rénmín yǔ Zhōngguó rénmín shēnghuó zài yìqǐ.

Yìxiē Mùsīlín guānyuán dānrèn jīngjì gùwèn. Tāmen zài shùzì hé màoyì fāngmiàn hěn lìhai. Yuáncháo tǒngzhìzhě kàndào tāmen de shíjì nénglì. Zhèxiē rén bǎ guānyú màoyì hé jīngjì de xīn xiǎngfǎ dàijìn le Zhōngguó shèhuì.

Jīdūjiào yě zài Yuáncháo cúnzài. Wàiguó lǚxíngrén hé chuánjiàoshì zài Měnggǔrén de bǎohù xià láidào Zhōngguó. Yí wèi kèrén xiědào, tā hěn chījīng Zhōngguó chéngshì kěyǐ ràng jiàotáng cúnzài. Yǔ yǐqián de cháodài bǐ, zhè zhǒng kāifàng shì hěn shǎojiàn de.

Yóuyú hěnduō dúshūrén bùnéng jìn zhèngfǔ gōngzuò, mínjiān wénhuà biànde gèngjiā qiángdà. Xìjù hé jiǎng gùshi chéngwéi tǎolùn

元朝时期，伊斯兰教变得更受注意了。很多穆斯林买卖人和官员来自中亚。他们带来了新的食物、习俗和信仰。在一些城市里造了清真寺。穆斯林人民与中国人民生活在一起。

一些穆斯林官员担任经济顾问。他们在数字和贸易方面很厉害。元朝统治者看到他们的实际能力。这些人把关于贸易和经济的新想法带进了中国社会。

基督教也在元朝存在。外国旅行人和传教士在蒙古人的保护下来到中国。一位客人写道，他很吃惊中国城市可以让教堂存在。与以前的朝代比，这种开放是很少见的。

由于很多读书人不能进政府工作，民间文化变得更加强大。戏剧和讲故事成为讨论

kùnnan wèntí de zhòngyào fāngshì. Zuòjiāmen jiǎng
bù gōngzhèng, zhōngchéng hé yǒnggǎn de gùshi.
Zhèxiē gùshi róngyì lǐjiě, yě chuándào le pǔtōngrén
nàlǐ.

Yuáncháo de sīxiǎng bìng búshì yóu yì qún rén
kòngzhì de. Xiāngfǎn, hěnduō xìnyǎng yìqǐ cúnzài.
Fójiào, Rúxué, Yīsīlánjiào, Jīdūjiào hé mínjiān xìnyǎng
dōu qǐ le zuòyòng. Zhè dàilái le chōngtū, yě dàilái le
sīxiǎng de jiāoliú.

Yǒuxiē rén duì zhèxiē biànhuà gǎndào kùnhuò. Yě
yǒurén kàndào le xīwàng. Yí wèi zuòjiā shuō, gǎnjué
shìjiè bèi dǎsuì le, dàn yě kěyǐ dàochù tīngdào
cónglái méiyǒu bèi tīngdào guò de shēngyīn.

Yuáncháo shì yí gè ràng xuéxí zǒu jìn jiātíng, sìmiào
hé jùchǎng de shíqī. Sīxiǎng néng jìxù xiàqu, búshì
yīnwèi yǒu mìnglìng, érshì yīnwèi rénmen bǎ tāmen
chuán le xiàqu.

Liǎojiě zhèxiē gùshi néng ràng wǒmen gèng qīngchu
de rènshi Yuáncháo.

困难问题的重要方式。作家们讲不公正、忠诚和勇敢的故事。这些故事容易理解，也传到了普通人那里。

元朝的思想并不是由一群人控制的。相反，很多信仰一起存在。佛教、儒学、伊斯兰教、基督教和民间信仰都起了作用。这带来了冲突，也带来了思想的交流。

有些人对这些变化感到困惑。也有人看到了希望。一位作家说，感觉世界被打碎了，但也可以到处听到从来没有被听到过的声音。

元朝是一个让学习走进家庭、寺庙和剧场的时期。思想能继续下去，不是因为有命令，而是因为人们把它们传了下去。

了解这些故事能让我们更清楚地认识元朝。

Sīxiǎng tōngguò rén ér cúnzài, bǐrú lǎoshī, sēngrén, mǎimàirén, dúshūrén, tāmen zài kùnnan shíqī zuòchū le tāmen de xuǎnzé.

Zài hòumiàn de jǐ zhāng zhōng, wǒmen jiāng kàndào zhèxiē sīxiǎng hé xìnyǎng shì zěnyàng yǐngxiǎng wénhuà, kējì, chōngtū, yǐjí zuìhòu shì zěnyàng ràng Yuáncháo zǒuxiàng jiéshù de.

思想通过人而存在，比如老师、僧人、买卖人、读书人，他们在困难时期做出了他们的选择。

在后面的几章中，我们将看到这些思想和信仰是怎样影响文化、科技、冲突，以及最后是怎样让元朝走向结束的。

Yìshù yǔ Wénhuà

Yuáncháo shíqī, hěnduō Zhōngguó dúshūrén méiyǒu bànfǎ zài wèi cháotíng zuòshì. Tǒngzhìzhě shì Měnggǔrén, hěnduō jiù de lù bèi guāndiào. Dàn zài zhèyàng de kùnnan shíqī, xīn de yìshù fāngshì chūxiàn le. Yǒu liǎng gè rén kěyǐ bāngzhù wǒmen qīngchu de lǐjiě zhège shìjiè: Zhào Mèngfǔ hé Guān Hànqīng.

Zhào Mèngfǔ chūshēng zài yí gè yìzhí wèi zhèngfǔ zuòshì de Zhōngguó jiātíng. Tā de jiāzú wèi gèng zǎo de cháodài gōngzuò guò, qízhōng yǒu Sòngcháo. Yuáncháo jiànlì hòu, Zhào Mèngfǔ miànduì kùnnan de xuǎnzé: shì jùjué wèi xīn de tǒngzhìzhě zuòshì, háishì jiēshòu Yuáncháo de tǒngzhì, bìng wèi tā gōngzuò.

Zhào Mèngfǔ xuǎnzé wèi Yuáncháo fúwù. Zhège juédìng yǐnqǐ le zhēnglùn. Yìxiē Zhōngguó dúshūrén pīpíng tā, rènwéi wèi wàilái

第七章：
艺术与文化

元朝时期，很多中国读书人没有办法再为朝廷做事。统治者是蒙古人，很多旧的路被关掉。但在这样的困难时期，新的艺术方式出现了。有两个人可以帮助我们清楚地理解这个世界：赵孟頫和关汉卿。

赵孟頫出生在一个一直为政府做事的中国家庭。他的家族为更早的朝代工作过，其中有宋朝。元朝建立后，赵孟頫面对困难的选择：是拒绝为新的统治者做事，还是接受元朝的统治，并为它工作。

赵孟頫选择为元朝服务。这个决定引起了争论。一些中国读书人批评他，认为为外来

cháodài zuòshì shì búduì de. Zhào Mèngfǔ lǐjiě zhè zhǒng pīpíng, dàn tā xiāngxìn wénhuà jíshǐ zài wàirén de tǒngzhì xià yě néng jìxù cúnzài.

Zhào Mèngfǔ chéngwéi le yì míng Yuáncháo zhèngfǔ de gāo jíbié guānyuán, dàn tā zuì ràng rénmen jìzhù de háishì tā de yìshù. Tā shì yí wèi wěidà de huàjiā hé shūfǎjiā. Tā rènwéi yìshù yīnggāi biǎoxiàn yìshùjiā de jīngshén sīxiǎng, ér bù zhǐshì ànzhào shìjiè yuánlái de yàngzi qù biǎoxiàn.

Zài tā de huà zhōng, tā huídào le bǐjiào zǎo shíqī de huàhuà fāngfǎ. Tā yòng jiǎndān de xiàntiáo hé ānjìng de kōngjiān lái huà mǎ, fēngjǐng hé cǎo. Tā zài huà zhōng bìng bù nǔlì qù yòng xiángxì de dōngxi ràng tāmen kàn shàngqù hěn zhēn. Xiāngfǎn, tāmen biǎoxiàn chū kòngzhì hé gèrén gǎnshòu.

Zài shūfǎ fāngmiàn, Zhào Mèngfǔ de yǐngxiǎng tèbié dà. Tā xiě de

朝代做事是不对的。赵孟頫理解这种批评，但他相信文化即使在外人的统治下也能继续存在。

赵孟頫成为了一名元朝政府的高级别官员，但他最让人们记住的还是他的艺术。他是一位伟大的画家和书法家。他认为艺术应该表现艺术家的精神思想，而不只是按照世界原来的样子去表现。

在他的画中，他回到了比较早时期的画画方法。他用简单的线条和安静的空间来画马、风景和草。他在画中并不努力去用详细的东西让它们看上去很真。相反，它们表现出控制和个人感受。

在书法方面，赵孟頫的影响特别大。他写的

zì qīngchu. Zài hòulái de jǐ bǎi nián zhōng, yìshùjiāmen dōu xuéxí tā de huàhuà fāngfǎ. Tōngguò tā de zì hé huà, Zhào Mèngfǔ zài wàilái de tǒngzhì shíqī, bāngzhù bǎohù bìng liúxià le Zhōngguó de yìshù chuántǒng.

Zhào Mèngfǔ zài cháotíng gōngzuò shí, lìng yí wèi duì wénhuà yǐngxiǎng hěn dà de rén zài hé pǔtōngrén jiāoliú. Tā jiào Guān Hànqīng.

Guān Hànqīng shì yí wèi xìjù zuòjiā. Tā méiyǒu wèi zhèngfǔ zuòshì. Érshì xiě xì. Tā shēnghuó zài xìjù liúxíng de chéngshì lǐ. Yīnwèi tā yòng shuōhuà de yǔyán ér búshì wénzì de yǔyán xiě xì, suǒyǐ hěn róngyì lǐjiě, pǔtōngrén yě néng tīng míngbái tā xiě de gùshi, bìng gǎnshòu dào gùshi zhōng de gèzhǒng xīnqíng.

Guān Hànqīng de xìjù chángcháng xiě bù gōngzhèng de shìqing. Zài hěnduō gùshi lǐ, hǎorén zài fǔbài guānyuán shǒuxià shòukǔ. Fǎguān yǒushí hěn cánkù. Yǒuqiánrén hěn bù gōngzhèng. Qióngrén méiyǒu lù

字清楚。在后来的几百年中，艺术家们都学习他的画画方法。通过他的字和画，<u>赵孟頫</u>在外来的统治时期，帮助保护并留下了<u>中国</u>的艺术传统。

<u>赵孟頫</u>在朝廷工作时，另一位对文化影响很大的人在和普通人交流。他叫<u>关汉卿</u>。

<u>关汉卿</u>是一位戏剧作家。他没有为政府做事。而是写戏。他生活在戏剧流行的城市里。因为他用说话的语言而不是文字的语言写戏，所以很容易理解，普通人也能听明白他写的故事，并感受到故事中的各种心情。

<u>关汉卿</u>的戏剧常常写不公正的事情。在很多故事里，好人在腐败官员手下受苦。法官有时很残酷。有钱人很不公正。穷人没有路

kě zǒu. Guān Hànqīng tōngguò xìjù wèi pǔtōngrén shuōhuà.

Guān Hànqīng zuì yǒumíng de xìjù zhīyī "Dòu É Yuān" jiǎng le yí gè nǚrén wèi tā méiyǒu zuòguò de shì shòudào chéngfá de gùshi. Zài sǐ zhīqián, tā qǐ le sān gè shìyán, rúguǒ zhèxiē shìyán shì zhēn de, nà jiāng zhèngmíng tā shì méiyǒu zuì de. Zhè sān gè shìyán shì: tā de xiě bú huì diào zài dìshàng, xiàtiān huì xiàxuě, zhège dìqū jiāng yǒu yánzhòng gānhàn. Suǒyǒu zhè sān jiàn shì dōu chéngzhēn le.

Zhège gùshi shuōmíng le hěnduō rén zài Yuáncháo shíqī gǎnshòu dào de bù mǎnyì hé tòngkǔ.

Guān Hànqīng rènwéi xìjù yīnggāi zhíjiē, yǒu gǎnqíng. Tā shuō, tā xiě dōngxi shì yòngxīn zài xiě, ér búshì wèi le dédào biérén de hǎohuà. Tā xiě de dōngxi biǎoxiàn chū fēicháng qiáng de gǎnqíng, míngquè de chōngtū yǐjí duì ruòxiǎo rénqún hěn shēn de tóngqíng.

可走。关汉卿通过戏剧为普通人说话。

关汉卿最有名的戏剧之一《窦娥冤》讲了一个女人为她没有做过的事受到惩罚的故事。在死之前，她起了三个誓言，如果这些誓言是真的，那将证明她是没有罪的。这三个誓言是：她的血不会掉在地上，夏天会下雪，这个地区将有严重干旱。所有这三件事都成真了。

这个故事说明了很多人在元朝时期感受到的不满意和痛苦。

关汉卿认为戏剧应该直接、有感情。他说，他写东西是用心在写，而不是为了得到别人的好话。他写的东西表现出非常强的感情、明确的冲突以及对弱小人群很深的同情。

Zhè liǎng wèi yìshùjiā Zhào Mèngfǔ hé Guān Hànqīng biǎoxiàn le Yuáncháo wénhuà de liǎng tiáo bùtóng dàolù. Zhào Mèngfǔ shì dúshūrén, tā zài zhìdù nèi bǎohù chuántǒng, Guān Hànqīng shì zuòjiā, tā hé zhìdù wài de rénmen jiāoliú. Zhè liǎng tiáo dàolù dōu hěn zhòngyào, dōu bāngzhù Zhōngguó wénhuà dùguò le kùnnan shíqī. Huà, shūfǎ hé xìjù zài Yuáncháo shíqī dōu méiyǒu xiāoshī. Dànshì tāmen fāshēng le biànhuà, yǒu le xīn de fāzhǎn fāngxiàng.

Yuáncháo de yìshù shòu wàilái tǒngzhì, shèhuì chōngtū hé gèrén tòngkǔ de yǐngxiǎng. Dàn tā yě shòudào chuàngzàolì hé shēngmìnglì de yǐngxiǎng. Tōngguò Zhào Mèngfǔ hé Guān Hànqīng nàyàng de wénhuàrén, jíshǐ zhèngzhì shībài, wénhuà réngrán dédào jìxù.

Zài hòulái de cháodài lǐ, yìshùjiā hé zuòjiāmen chángcháng xiǎngqǐ Yuáncháo, cóng nàlǐ qù fāxiàn xīn de sīxiǎng. Tāmen rènwéi zhè shì yí gè bǎ zhēnzhèng de gǎnqíng gèng zìyóu de jiājìn yìshù zhōng de shíqī. Tōngguò zhè zhǒng fāngshì, Yuáncháo nàxiē duì wénhuà yǐngxiǎng hěn dà de rén zài Zhōngguó lìshǐ shàng liúxià le shēnyuǎn de yǐngxiǎng.

这两位艺术家赵孟頫和关汉卿表现了元朝文化的两条不同道路。赵孟頫是读书人，他在制度内保护传统，关汉卿是作家，他和制度外的人们交流。这两条道路都很重要，都帮助中国文化度过了困难时期。画、书法和戏剧在元朝时期都没有消失。但是它们发生了变化，有了新的发展方向。

元朝的艺术受外来统治、社会冲突和个人痛苦的影响。但它也受到创造力和生命力的影响。通过赵孟頫和关汉卿那样的文化人，即使政治失败，文化仍然得到继续。

在后来的朝代里，艺术家和作家们常常想起元朝，从那里去发现新的思想。他们认为这是一个把真正的感情更自由地加进艺术中的时期。通过这种方式，元朝那些对文化影响很大的人在中国历史上留下了深远的影响。

Yuáncháo zài píngcháng shǐyòng de gōngjù shàng de xīn fāmíng bù duō, dàn zài kēxué hé zhìdù fāngmiàn qǔdé le zhòngyào fāzhǎn. Wǒmen jiāng tōngguò liǎng gè lìzi lái gèng hǎo de lǐjiě zhè yì diǎn. Yí gè shì wěidà kēxuéjiā Guō Shǒujìng de gōngzuò, lìng yí gè shì zhǐqián zài dìguó gèdì de shǐyòng.

Guō Shǒujìng shì Yuáncháo zuì zhòngyào de kēxuéjiā zhīyī. Tā shēnghuó zài Hūbìliè shíqī, bìng wèi zhèngfǔ zuòguò shì. Tā de yánjiū zhǔyào zài shíjiān, kōngjiān hé shuǐ. Zhèxiē dōu shì yǐngxiǎng nóngyè yǐjí píngshí shēnghuó de shíjì wèntí.

Guō Shǒujìng de zhǔyào rènwù zhīyī shì gǎijìn rìlì. Zài Zhōngguó, rìlì bù jǐnjǐn shì suàn rìqī de fāngfǎ. Tā hái biǎoshì le tǒngzhìzhě shì bu shì lǐjiě tiānmìng, yǐjí tiānmìng shì bu shì zhīchí tǒngzhìzhě. Nóngmín hái yòng rìlì lái juédìng shénme shíhou zhòng zhuāngjia hé shénme shíhou shōu zhuāngjia, zhèngfǔ yòng tā

第八章：
科技与发明

元朝在平常使用的工具上的新发明不多，但在科学和制度方面取得了重要发展。我们将通过两个例子来更好地理解这一点。一个是伟大科学家郭守敬的工作，另一个是纸钱在帝国各地的使用。

郭守敬是元朝最重要的科学家之一。他生活在忽必烈时期，并为政府做过事。他的研究主要在时间、空间和水。这些都是影响农业以及平时生活的实际问题。

郭守敬的主要任务之一是改进日历。在中国，日历不仅仅是算日期的方法。它还表示了统治者是不是理解天命，以及天命是不是支持统治者。农民还用日历来决定什么时候种庄稼和什么时候收庄稼，政府用它

lái ānpái yíshì, shōu shuì hé gōngzuò.

Zhōngguó tǒngzhìzhě xiāngxìn tāmen shì ànzhào tiānmìng lái tǒngzhì de. Rúguǒ rìlì zhǔnquè, tā jiù biǎoshì tiānmìng yǔ rén de guānxì hěn hǎo. Rúguǒ rìlì cuò le, zhuāngjia jiù huì shòu yǐngxiǎng, yíshì shíjiān huì cuò, rénmen jiù huì shòukǔ. Dāng zhè yíqiè fāshēng shí, hěnduō rén rènwéi zhè shì tiānmìng zài gàosu tǒngzhìzhě zhèngzài shīqù tā de zhīchí. Yīncǐ, bǎochí rìlì zhǔnquè bùjǐn shì kēxué rènwù, gèng zài zhèngzhì shàng shì bìxū de.

Guō Shǒujìng zǐxì guānchá zhe tàiyáng, yuèliang hé xīngxing. Tā zào gōngjù lái suàn tāmen de biànhuà. Gēnjù zhèxiē guānchá, tā bāngzhù jiànlì le yí gè bǐ yǐqián gèng zhǔnquè de xīn rìlì. Zhè zhǒng rìlì jiǎnshǎo le cuòwù, bāngzhù nóngmín gèng hǎo de ānpái zhòng zhuāngjia de jìhuà.

Guō Shǒujìng hái cānjiā le shuǐ de guǎnlǐ xiàngmù gōngzuò. Shuǐ de guǎnlǐ zài Zhōngguó yìzhí shì gè wèntí. Hóngshuǐ huì pòhuài tǔ

来安排仪式、收税和工作。

中国统治者相信他们是按照天命来统治的。如果日历准确，它就表示天命与人的关系很好。如果日历错了，庄稼就会受影响，仪式时间会错，人们就会受苦。当这一切发生时，很多人认为这是天命在告诉统治者正在失去它的支持。因此，保持日历准确不仅是科学任务，更在政治上是必须的。

郭守敬仔细观察着太阳、月亮和星星。他造工具来算它们的变化。根据这些观察，他帮助建立了一个比以前更准确的新日历。这种日历减少了错误，帮助农民更好地安排种庄稼的计划。

郭守敬还参加了水的管理项目工作。水的管理在中国一直是个问题。洪水会破坏土

dì hé fángzi. Gānhàn huì ràng rénmen shòu'è. Guō Shǒujìng bāngzhù gǎijìn héliú, yùnhé de guǎnlǐ. Tā cānjiā le bǎ Zhōngguó nánběi lián zài yìqǐ de Dàyùnhé de gōngzuò. Zhè tiáo yùnhé duìyú yùn liángshi hé qítā dōngxi dōu fēicháng zhòngyào. Yùnhé de gǎijìn bāngzhù bǎ liángshi yùnwǎng shǒudū, zhīchí le dàchéngshì de fāzhǎn.

Guō Shǒujìng de gōngzuò biǎoxiàn chū le Yuáncháo kējì de zhòngyào tèdiǎn. Zhǐyào kēxué néng gèng hǎo de bāngzhù tāmen guǎnlǐ guójiā, Měnggǔ tǒngzhìzhě jiù huì zhīchí kēxué. Guō Shǒujìng nénggòu shòudào rénmen de zūnjìng, shì yīnwèi tā de gōngzuò fēicháng yǒuyòng.

Yuáncháo dì'èr gè zhòngyào kējì shì zhǐqián. Zhǐqián zài Yuáncháo zhīqián jiù yǐjīng cúnzài, dàn Yuáncháo zhèngfǔ yòng zhǐqián bǐ yǐqián suǒyǒu de cháodài dōu yòng de gèng duō. Yuáncháo tǒngzhìzhě xīwàng yǒu yì zhǒng jiǎndān de fāngshì lái fùqián gěi shìbīng, guānyuán hé gōngrén. Chángjùlí dàizhe jīnshǔ qiánbì fēicháng kùnnan. Zhǐqián yòu qīng yòu fāngbiàn. Zhèngfǔ yìn zhǐqián, bìng mìnglìng rénmen shǐ

地和房子。干旱会让人们受饿。<u>郭守敬</u>帮助改进河流、运河的管理。他参加了把<u>中国</u>南北连在一起的<u>大运河</u>的工作。这条运河对于运粮食和其他东西都非常重要。运河的改进帮助把粮食运往首都，支持了大城市的发展。

<u>郭守敬</u>的工作表现出了<u>元朝</u>科技的重要特点。只要科学能更好地帮助他们管理国家，<u>蒙古</u>统治者就会支持科学。<u>郭守敬</u>能够受到人们的尊敬，是因为他的工作非常有用。

<u>元朝</u>第二个重要科技是纸钱。纸钱在<u>元朝</u>之前就已经存在，但<u>元朝</u>政府用纸钱比以前所有的朝代都用得更多。<u>元朝</u>统治者希望有一种简单的方式来付钱给士兵、官员和工人。长距离带着金属钱币非常困难。纸钱又轻又方便。政府印纸钱，并命令人们使

yòng tāmen.

Kāishǐ de shíhou, zhǐqián bāngzhù le màoyì.
Mǎimàirén kěyǐ gèng fāngbiàn de zuò mǎimài.
Shìchǎng biànde gèngjiā jījí. Nánběi zhījiān de màoyì
yě zēngjiā le. Dàn suízhe shíjiān de guòqù, yánzhòng
de wèntí chūxiàn le. Zhèngfǔ bù zhīdào rúguǒ yìn tài
duō de zhǐqián huì ràng qián de jiàzhí biàn dī,
méiyǒu gèng duō de yínzi hé huòwù lái zhīchēng
qián de jiàzhí. Huòwù de jiàgé tígāo, rénmen xūyào
yuèláiyuè duō de qián lái mǎi shíwù hé píngcháng
yòng de dōngxi.

Pǔtōngrén shòukǔ zuì shēn. Nóngmín màichū
liángshi dédào de shì zhǐqián, dàn zhǐqián de jiàzhí
yuèláiyuè dī. Gōngrén gōngzuò dédào de shì zhǐqián,
yòng nàxiē qián mǎi de dōngxi yì nián bǐ yì nián
shǎo. Rénmen duì zhè zhǒng qián de zhìdù yuèláiyuè
bú xìnrèn le.

Yuáncháo zhǐqián de gùshi shuōmíng, kējì kěyǐ dàilái
bāngzhù,

用它们。

开始的时候，纸钱帮助了贸易。买卖人可以更方便地做买卖。市场变得更加积极。南北之间的贸易也增加了。但随着时间的过去，严重的问题出现了。政府不知道如果印太多的纸钱会让钱的价值变低，没有更多的银子和货物来支撑钱的价值。货物的价格提高，人们需要越来越多的钱来买食物和平常用的东西。

普通人受苦最深。农民卖出粮食得到的是纸钱，但纸钱的价值越来越低。工人工作得到的是纸钱，用那些钱买的东西一年比一年少。人们对这种钱的制度越来越不信任了。

元朝纸钱的故事说明，科技可以带来帮助，

dàn bìxū xiǎoxīn shǐyòng. Fāmíng bù jǐnjǐn shì guānyú gōngjù, zhè yě yǔ rénmen zěnme guǎnlǐ tā yǒuguān.

Guō Shǒujìng yǔ zhǐqián de gùshi dōu shuōmíng le Yuáncháo kējì de liǎng gè fāngmiàn. Yí gè shuōmíng rènzhēn yánjiū hé guānchá dàilái de chángyuǎn hǎochù. Lìng yí gè shuōmíng tài kuài de xíngdòng dàilái de huàichù.

Yuáncháo bǎ hěnduō tǔdì dōu lián zài yìqǐ, ràng zhīshi dédào chuánkāi. Dàn zhè yě biǎomíng zhǐ kào kējì méiyǒu bànfǎ jiějué shèhuì wèntí. Hǎo de guǎnlǐ hé xìnrèn yíyàng zhòngyào.

Zài xià yì zhāng zhōng, wǒmen jiāng kàndào Yuáncháo yǔ qítā guójiā hé mínzú zhījiān de guānxì, yǐjí duìwài guānxì hé chōngtū duì tā kāishǐ hé shuāiluò de yǐngxiǎng.

但必须小心使用。发明不仅仅是关于工具，这也与人们怎么管理它有关。

郭守敬与纸钱的故事都说明了元朝科技的两个方面。一个说明认真研究和观察带来的长远好处。另一个说明太快的行动带来的坏处。

元朝把很多土地都连在一起，让知识得到传开。但这也表明只靠科技没有办法解决社会问题。好的管理和信任一样重要。

在下一章中，我们将看到元朝与其他国家和民族之间的关系，以及对外关系和冲突对它开始和衰落的影响。

Dì Jiǔ Zhāng:
Duìwài Guānxì yǔ Chōngtū

Yuáncháo tǒngzhìzhě shì Měnggǔrén, tāmen bìng bú rènwéi Zhōngguó shì shìjiè de zhōngxīn. Tāmen bǎ tā kànchéng shì gèngdà tǔdì de yí bùfèn. Zhè zhǒng kànfǎ dàilái le xīn de liánxì, xīn de gùshi, yě dàilái le hěn dà de chōngtū.

Yuáncháo zuì yǒumíng de yǒuguān wàiguó de shìqing zhīyī shì xiǎngyào zhēngfú Rìběn.

Hūbìliè rènwéi Rìběn yīnggāi jiēshòu tā de tǒngzhì. Tā xiàng Rìběn tǒngzhìzhě sòngqù xiāoxi, yāoqiú tāmen hépíng tóuxiáng. Rìběn tǒngzhìzhě méiyǒu míngquè huídá. Yǒuxiē rén xuǎnzé bù guǎn zhèxiē xiāoxi. Hái yǒu yìxiē rén gùyì mànman huídá. Hūbìliè bǎ zhè kànchéng shì jùjué.

1274 nián, Hūbìliè mìnglìng dì yī cì gōngdǎ Rìběn. Měnggǔrén zào le chuán, cóng Měnggǔ, Zhōngguó hé Cháoxiǎn hěnduō dìfang

第九章：
对外关系与冲突

元朝统治者是蒙古人，他们并不认为中国是世界的中心。他们把它看成是更大土地的一部分。这种看法带来了新的联系、新的故事，也带来了很大的冲突。

元朝最有名的有关外国的事情之一是想要征服日本。

忽必烈认为日本应该接受他的统治。他向日本统治者送去消息，要求他们和平投降。日本统治者没有明确回答。有些人选择不管这些消息。还有一些人故意慢慢回答。忽必烈把这看成是拒绝。

1274 年，忽必烈命令第一次攻打日本。蒙古人造了船，从蒙古、中国和朝鲜很多地方

zǔzhī shìbīng. Hěnduō shìbīng yǐqián cónglái méiyǒu zài dàhǎi shàng zhàndòu guò.

Dāng zhànchuán dào le Rìběn shí, Měnggǔ jūnduì shàng'àn bìng kāishǐ zhàndòu. Kāishǐ de shíhou, tāmen de wǔqì hé zǔzhī fāngshì ràng Rìběn de fángshǒu hěn chījīng. Dàn zhàndòu dǎ de fēicháng kùnnan, Měnggǔ jūnduì méiyǒu bànfǎ dǎdào gèng yuǎn de dìfang.

Ránhòu, yì chǎng qiángdà de bàofēngyǔ chūxiàn le. Dàfēng dàyǔ pòhuài le hěnduō chuán. Shìbīng bèi yānsǐ. Qítā rén yě shīqù le shíwù. Měnggǔ jūnduì zhǐ néng fàngqì líkāi.

Dàn Hūbìliè bìng méiyǒu fàngqì. Tā rènwéi shībài zhǐshì bú xìngyùn. Jǐ nián hòu, zài 1281 nián, tā mìnglìng dì'èr cì gōngdǎ Rìběn. Zhè yí cì, jūnduì gèng dà. Tā cóng Zhōngguó nánbù dàilái le sānqiān wǔbǎi zhī chuán, yòu cóng Cháoxiǎn dàilái le jiǔbǎi zhī chuán. Zhèxiē chuán yígòng yùnsòng le shísì wàn míng shìbīng qiánqù Rìběn hǎi'àn.

组织士兵。很多士兵以前从来没有在大海上战斗过。

当战船到了日本时，蒙古军队上岸并开始战斗。开始的时候，他们的武器和组织方式让日本的防守很吃惊。但战斗打得非常困难，蒙古军队没有办法打到更远的地方。

然后，一场强大的暴风雨出现了。大风大雨破坏了很多船。士兵被淹死。其他人也失去了食物。蒙古军队只能放弃离开。

但忽必烈并没有放弃。他认为失败只是不幸运。几年后，在 1281 年，他命令第二次攻打日本。这一次，军队更大。他从中国南部带来了三千五百只船，又从朝鲜带来了九百只船。这些船一共运送了十四万名士兵前去日本海岸。

Zhàndòu réngrán hěn kùnnan. Měnggǔrén zàicì dào le Rìběn hǎi'àn, dàn méiyǒu bànfǎ dǎpò Rìběn hǎi'àn fángshǒu, bǐrú shítouqiáng de fángshǒu, yě méiyǒu bànfǎ líkāi hǎibiān hěn yuǎn. Hěnduō Měnggǔ hé Cháoxiǎn shìbīng bùdébù liú zài chuánshàng huò hǎi'àn shàng. Zài zhè tóngshí, Rìběn shìbīng bù chūlái zhàndòu, tāmen zài qiáng hòu ānquán de dìfang.

Zhè yí cì, yòu shì yì chǎng bàofēngyǔ lái le. Chuán pèng chuán, tāmen chén dào hǎidǐ, sǐ le jǐ qiān míng shìbīng.

Rìběnrén hòulái jiào zhèxiē bàofēngyǔ wéi "Shénfēng". Duì tāmen láishuō, zhè shì shén bǎohù le tāmen de guójiā. Duì Hūbìliè láishuō, nà shì yí cì tòngkǔ de shībài. Tā shīqù le hěnduō shìbīng, hěnduō chuán hé hěnduō qián. Zhè zhīhòu, Hūbìliè bú zài shìzhe qù zhēngfú Rìběn. Duì Rìběn de gōngdǎ ràng Yuáncháo biàn ruò le, zhè yě biǎoshì jíshǐ shì qiángdà de dìguó yěyǒu ruòdiǎn.

战斗仍然很困难。蒙古人再次到了日本海岸，但没有办法打破日本海岸防守，比如石头墙的防守，也没有办法离开海边很远。很多蒙古和朝鲜士兵不得不留在船上或海岸上。在这同时，日本士兵不出来战斗，他们在墙后安全的地方。

这一次，又是一场暴风雨来了。船碰船，它们沉到海底，死了几千名士兵。

日本人后来叫这些暴风雨为"神风"。对他们来说，这是神保护了他们的国家。对忽必烈来说，那是一次痛苦的失败。他失去了很多士兵、很多船和很多钱。这之后，忽必烈不再试着去征服日本。对日本的攻打让元朝变弱了，这也表示即使是强大的帝国也有弱点。

Suīrán zhànzhēng zài yìxiē dìfang shībài le, dàn hé qítā dìfang de liánxì què qǔdé le chénggōng. Yuáncháo shíqī, hěnduō wàiguó kèrén lái Zhōngguó.

Qízhōng zuì yǒumíng de shì láizì Ōuzhōu de lǚxíngjiā Mǎkě Bōluó. Tā hé jiārén láidào Zhōngguó, hòulái wèi Yuáncháo zuòshì. Tā zǒuguò le Zhōngguó de hěnduō dìfang, kàndào le zài Ōuzhōu bù zhīdào de shìqing hé dōngxi.

Mǎkě Bōluó xiě le hěnduō yǒuguān hěn kuān de jiēdào, hěn máng de chéngshì, zhǐqián hé dà shìchǎng de gùshi. Tā xiě le Yuáncháo shǒudū de fùyǒu hé Hūbìliè de quánlì. Gāng kāishǐ, Ōuzhōu hěnduō rén bù xiāngxìn tā de gùshi. Tāmen tīng qǐlái tài qíguài le, hěn nàn xiāngxìn.

Bùguǎn tā de gùshi shì bu shì zhēn de, Mǎkě Bōluó xiě de dōngxi biǎoshì Yuáncháo duì wàiguó kèrén shì kāifàng de. Láizì qítā guójiā de mǎimàirén, guānyuán hé lǚxíng de kèrén dōu

虽然战争在一些地方失败了，但和其他地方的联系却取得了成功。元朝时期，很多外国客人来中国。

其中最有名的是来自欧洲的旅行家马可·波罗。他和家人来到中国，后来为元朝做事。他走过了中国的很多地方，看到了在欧洲不知道的事情和东西。

马可·波罗写了很多有关很宽的街道、很忙的城市、纸钱和大市场的故事。他写了元朝首都的富有和忽必烈的权力。刚开始，欧洲很多人不相信他的故事。它们听起来太奇怪了，很难相信。

不管他的故事是不是真的，马可·波罗写的东西表示元朝对外国客人是开放的。来自其他国家的买卖人、官员和旅行的客人都

kěyǐ zài Zhōngguó shēnghuó hé gōngzuò.

Láizì Zhōngyà hé Zhōngdōng de mǎimàirén yóuqí zhòngyào. Tāmen bāngzhù guǎnlǐ màoyì hé qián. Tāmen dàilái le huòwù, xiǎngfǎ hé xīn shíwù. Zài chéngshì lǐ, rénmen tīngdào hěnduō yǔyán, kàndào bùtóng de xísú. Zhèxiē yǔ wàiguó de liánxì ràng Yuáncháo chéngwéi gèng dà shìjiè de yí bùfèn. Huòwù kěyǐ yùndào hěn yuǎn de dìfang. Zhīshi suízhe huòwù chuánkāi. Zhōngguó bú zài bèi guān zài biānjiè nèi le.

Dàn kāifàng yě dàilái le jǐnzhāng de guānxì. Yǒu de shíhou wàiguó guānyuán chéngwéi gāo jíbié guānyuán. Yìxiē Zhōngguórén gǎndào tāmen zài zìjǐ de tǔdì shàng méiyǒu bèi zhùyì. Zhè yǐnqǐ le bù mǎnyì hé bú xìnrèn.

Yuáncháo shíqī de duìwài guānxì zhōng yǒu hěnduō chōngtū. Tóng yí gè dìguó huānyíng wàilái kèrén, ér tā yòu zài yuǎnfāng de zhànzhēng zhōng shībài le. Tā bǎ bùtóng de wénhuà lián zài yìqǐ, dàn

可以在<u>中国</u>生活和工作。

来自<u>中亚</u>和<u>中东</u>的买卖人尤其重要。他们帮助管理贸易和钱。他们带来了货物、想法和新食物。在城市里，人们听到很多语言，看到不同的习俗。这些与外国的联系让<u>元朝</u>成为更大世界的一部分。货物可以运到很远的地方。知识随着货物传开。<u>中国</u>不再被关在边界内了。

但开放也带来了紧张的关系。有的时候外国官员成为高级别官员。一些<u>中国</u>人感到他们在自己的土地上没有被注意。这引起了不满意和不信任。

<u>元朝</u>时期的对外关系中有很多冲突。同一个帝国欢迎外来客人，而它又在远方的战争中失败了。它把不同的文化连在一起，但

tóngshí yě dàilái le chōngtū.

Zhèxiē dōu biǎomíng le Yuáncháo de qiángdà hé ruòdiǎn. Tā de yǐngxiǎng yuǎnzài Zhōngguó zhīwài, dàn yǒushí yě yǒudiǎn tài yuǎn le. Tā dǎkāi le mén, dàn bìng bù zǒngnéng kòngzhì cóng ménwài jìnlái de dōngxi.

Zài zuìhòu de yì zhāng lǐ, wǒmen jiāng kàndào zhèxiē zài wàiguó de shībài hé nèibù de wèntí shì zěnyàng zǒudào yìqǐ de, yǐjí Yuáncháo zuìhòu shì zěnyàng zǒuxiàng jiéshù de.

同时也带来了冲突。

这些都表明了<u>元朝</u>的强大和弱点。它的影响远在<u>中国</u>之外，但有时也有点太远了。它打开了门，但并不总能控制从门外进来的东西。

在最后的一章里，我们将看到这些在外国的失败和内部的问题是怎样走到一起的，以及<u>元朝</u>最后是怎样走向结束的。

Dì Shí Zhāng:
Yuáncháo de Shuāiluò yǔ Jiéshù

Yuáncháo bìng búshì zài yì nián huò zài yì chǎng zhàndòu zhōng jiéshù de. Tā de jiéshù shì jīngguò hěnduō shì zàochéng de, zhè shuōmíng le zhèngfǔ yǐjīng biànde hěn ruò le. Rénmen shīqù le xìnrèn hé xīwàng, zuìhòu qǐlái fǎnduì tǒngzhìzhě.

Yí gè zhòngyào de wèntí shì qián.

Zài Yuáncháo de qiánbànduàn, dàyuē cóng 1260 nián dào 1300 nián, huòwù de jiàgé wěndìng, zhǐqián shì yóu yínzi lái bǎozhèng de. Dàn hòulái, zhèngfǔ bú zài yòng yínzi lái zhīchēng zhǐqián. Tā yìn le yuèláiyuè duō de zhǐqián, yīnwèi guānyuánmen xūyào gèng duō de qián lái fù gěi shìbīng, jiànlì xiàngmù yǐjí zhīchí cháotíng.

Yìn zhǐqián hěn róngyì, dàn kòngzhì tā de jiàzhí què bù róngyì.

第十章:
元朝的衰落与结束

元朝并不是在一年或在一场战斗中结束的。它的结束是经过很多事造成的，这说明了政府已经变得很弱了。人们失去了信任和希望，最后起来反对统治者。

一个重要的问题是钱。

在元朝的前半段，大约从 1260 年到 1300 年，货物的价格稳定，纸钱是由银子来保证的。但后来，政府不再用银子来支撑纸钱。它印了越来越多的纸钱，因为官员们需要更多的钱来付给士兵、建立项目以及支持朝廷。

印纸钱很容易，但控制它的价值却不容易。

Suízhe yuèláiyuè duō de zhǐqián chūxiàn, tā de jiàzhí biàn dī le. Huòwù de jiàgé kāishǐ shàngzhǎng. Yǐqián zhǐyào yìdiǎn qián jiù néng mǎidào de yí dài mǐ, xiànzài yào gèng duō de qián. Pǔtōngrén měitiān dōu néng gǎnshòu dào zhè zhǒng biànhuà. Nóngmín màichū liángshi, dàn mǎibudào yíyàng duō de shíwù. Gōngrén zuògōng dédào de qián yuèláiyuè shǎo.

Rénmen kāishǐ bú xìnrèn zhèngfǔ de zhǐqián. Yǒuxiē rén jùjué jiēshòu zhǐqián. Màoyì biànmàn le, bù mǎnyì de shēngyīn zài shìchǎng hé cūnzhuāng de měi gè dìfang dōu néng tīngdào.

1344 nián, yì chǎng zìrán zāihài fāshēng le. Huáng Hé fāshēng dàhóngshuǐ. Hóngshuǐ fēicháng qiángdà, gǎibiàn le héliú zǒu de fāngxiàng, yān le dàpiàn nóngtián hé hěnduō cūnzhuāng. Fángzi bèi pòhuài. Zhuāngjia méi le. Hěnduō jiātíng méiyǒu shíwù, yě méiyǒu dìfang zhù.

Zài hòumiàn de jǐ nián lǐ, yòu fāshēng le gèng duō de zìrán zāi

随着越来越多的纸钱出现，它的价值变低了。货物的价格开始上涨。以前只要一点钱就能买到的一袋米，现在要更多的钱。普通人每天都能感受到这种变化。农民卖出粮食，但买不到一样多的食物。工人做工得到的钱越来越少。

人们开始不信任政府的纸钱。有些人拒绝接受纸钱。贸易变慢了，不满意的声音在市场和村庄的每个地方都能听到。

1344 年，一场自然灾害发生了。<u>黄河</u>发生大洪水。洪水非常强大，改变了河流走的方向，淹了大片农田和很多村庄。房子被破坏。庄稼没了。很多家庭没有食物，也没有地方住。

在后面的几年里，又发生了更多的自然灾

hài, bāokuò yánzhòng gānhàn hé Huáng Hé
hóngshuǐ. Rénmen qǐng zhèngfǔ bāngzhù, dàn
zhèngfǔ fǎnyìng hěn màn. Guānyuánmen hùxiāng
zhēnglùn zhè yīnggāi shì shuí de zérèn. Yǒuxiē rén
názǒu le zhèngfǔ gěi pǔtōngrén de qián. Hái yǒuxiē
rén shénme dōu bú zuò.

Duìyú shīqù yíqiè de rénmen láishuō, zhè shì yì
zhǒng hěn kěpà de shì. Yí wèi nóngmín hòulái shuō,
"Héliú ràng wǒ shīqù le tǔdì, dàn zhèngfǔ ràng wǒ
shīqù le xīwàng."

Suízhe tòngkǔ de zēngjiā, pànluàn kāishǐ chūxiàn le.

Zuì zhòngyào de pànluàn yùndòng zhīyī shì Hóngjīn
Yùndòng. Zhè yíqiè shì cóng hěn qióng de nóngmín
hé gōngrén zhōng kāishǐ. Hěnduō pànluàn jūnduì lǐ
de rén tóudài hóngbù, biǎoshì tuánjié.

Pànluàn jūnduì rènwéi zhèxiē zāihài dàibiǎo
Yuáncháo tǒngzhìzhě yǐjīng shīqù le tiānmìng.
Hóngjīn jūnduì bǎozhèng jiéshù tòngkǔ, jiànlì xīn
zhìdù.

害，包括严重干旱和<u>黄河</u>洪水。人们请政府帮助，但政府反应很慢。官员们互相争论这应该是谁的责任。有些人拿走了政府给普通人的钱。还有些人什么都不做。

对于失去一切的人们来说，这是一种很可怕的事。一位农民后来说，"河流让我失去了土地，但政府让我失去了希望。"

随着痛苦的增加，叛乱开始出现了。

最重要的叛乱运动之一是<u>红巾运动</u>。这一切是从很穷的农民和工人中开始。很多叛乱军队里的人头戴红布，表示团结。

叛乱军队认为这些灾害代表<u>元朝</u>统治者已经失去了天命。<u>红巾</u>军队保证结束痛苦，建立新制度。

Kāishǐ de shíhou, zhèngfǔ duì pànluàn jūnduì bù guǎn. Guānyuánmen rènwéi Hóngjīn jūnduì shì hěn xiǎo érqiě hěn ruò de yì qún rén. Dàn pànluàn jūnduì yuèláiyuè qiángdà. Tāmen náxià le chéngzhèn, dǎbài le dìfang jūnduì. Hěnduō pǔtōngrén jiārù le tāmen, búshì yīnwèi tāmen xǐhuan zhànzhēng, érshì yīnwèi tāmen yǐjīng méiyǒu shénme kěyǐ shīqù le.

Qízhōng yí wèi pànluàn jūnduì de tǒngzhìzhě shì Zhū Yuánzhāng. Tā de fùmǔ sǐ le, tā fēicháng qióng, tā yǒu yí duàn shíjiān zhùzài sìmiào lǐ, kào yào shíwù shēnghuó. Tā liǎojiě è hé hàipà. Yīncǐ, rénmen xìnrèn tā.

Zhū Yuánzhāng zài 1352 nián èrshísì suì shí jiārù le Hóngjīn jūnduì. Tā hěn kuài chéngwéi le tǒngzhìzhě, bìng dédào le tā zìjǐ de jūnduì. Tā rènzhēn de zǔzhī jūnduì. Tā chéngfá shānghài pǔtōngrén de shìbīng. Tā fā shíwù. Cūnzhuāng lǐ de rén dōu zhīchí tā, bìng gěi tā tígōng xiāoxi. Mànman de, tā de yǐngxiǎng yuèláiyuè dà.1356 nián, tā de jūnduì náxià le Nánjīng,

开始的时候，政府对叛乱军队不管。官员们认为红巾军队是很小而且很弱的一群人。但叛乱军队越来越强大。他们拿下了城镇，打败了地方军队。很多普通人加入了他们，不是因为他们喜欢战争，而是因为他们已经没有什么可以失去了。

其中一位叛乱军队的统治者是朱元璋。他的父母死了，他非常穷，他有一段时间住在寺庙里，靠要食物生活。他了解饿和害怕。因此，人们信任他。

朱元璋在1352年二十四岁时加入了红巾军队。他很快成为了统治者，并得到了他自己的军队。他认真地组织军队。他惩罚伤害普通人的士兵。他发食物。村庄里的人都支持他，并给他提供消息。慢慢地，他的影响越来越大。1356年，他的军队拿下了南京，

zhè shì yí zuò zhòngyào chéngshì. Tā jùjué le Měnggǔ tǒngzhì, jiànlì le zìjǐ de zhèngfǔ, zhèngfǔ zhōng bāokuò jūnduì jiāngjūn hé Rújiā dúshūrén.1363 nián, tā dǎbài le qítā pànluàn jūnduì de tǒngzhìzhě, yì nián hòu tā jiào zìjǐ wéi Wúwáng.

Zài zhè tóngshí, Yuáncháo cháotíng biànde gèngjiā luàn. Huángdì jīngcháng zài huàn. Gùwènmen hùxiāng jìngzhēng quánlì. Mìnglìng xià le zhīhòu yòu bèi qǔxiāo. Shìbīngmen bùnéng ànshí nádào qián. Yǒuxiē rén táozǒu le. Yǒu de rén jiārù le pànluàn jūnduì.

Pànluàn jūnduì mànman de kàojìn le shǒudū. Cháotíng dàochù dōu shì hàipà. Guānyuánmen hùxiāng shuō biérén de bù hǎo. Yǒuxiē rén táo le. Yǒu de rén duǒ le qǐlái.

1368 nián, Zhū Yuánzhāng de jūnduì dào le Yuáncháo shǒudū. Jīhū méiyǒu yùdào dǐkàng, chéngmén jiù bèi dǎkāi. Zuìhòu yí gè Yuáncháo huángdì dàizhe tā de cháotíng guānyuán xiàng běi táoqù.

Hòulái de sì nián lǐ, Zhū Yuánzhāng bǎ Měnggǔ jūnduì gǎn chū Zhōng

这是一座重要城市。他拒绝了蒙古统治，建立了自己的政府，政府中包括军队将军和儒家读书人。1363 年，他打败了其他叛乱军队的统治者，一年后他叫自己为吴王。

在这同时，元朝朝廷变得更加乱。皇帝经常在换。顾问们互相竞争权力。命令下了之后又被取消。士兵们不能按时拿到钱。有些人逃走了。有的人加入了叛乱军队。

叛乱军队慢慢地靠近了首都。朝廷到处都是害怕。官员们互相说别人的不好。有些人逃了。有的人躲了起来。

1368 年，朱元璋的军队到了元朝首都。几乎没有遇到抵抗，城门就被打开。最后一个元朝皇帝带着他的朝廷官员向北逃去。

后来的四年里，朱元璋把蒙古军队赶出中

guó. Tāmen de tǒngzhì jiéshù le.

Dàn Měnggǔrén hái zài. Tāmen jìxù tǒngzhì zhe Zhōngguó běibù de tǔdì, Zhū Yuánzhāng de jūnduì shǐzhōng bùnéng dǎbài Měnggǔ. Dàn Yuáncháo yǐjīng jiéshù. Zhū Yuánzhāng hěn kuài xuānbù jiànlì xīn cháodài, Míngcháo, bìng tǒngzhì le sānshí nián. Tā bǎ tā de tǒngzhì shíqī jiàozuò Hóngwǔ, Hóng yìsi shì "wěidà" huò "xiàng hóngshuǐ yíyàng", Wǔ yìsi shì "qiángdà de jūnduì". Zhège míngzi biǎoshì xīn Míngcháo shì tōngguò zhànzhēng hé qiángdà jiànlì qǐlái de. Zhū Yuánzhāng bèi jiào wéi Hóngwǔ Dì.

Yuáncháo de jiéshù ràng rénmen tòngkǔ. Duōnián de zhànzhēng pòhuài le chéngshì hé jiātíng. Dàn hěnduō rén yě gǎndào yì zhǒng qīngsōng. Tāmen xiāngxìn Zhōngguórén de tǒngzhì huì dàilái shèhuì wěndìng yǔ gōngzhèng.

Huítóu kàn, Yuáncháo shībài shì yīnwèi tǒngzhì bù qiáng, bù gōngzhèng, qián de wèntí yǐjí duì zāihài fǎnyìng màn. Wàilái tǒngzhì ràng

国。他们的统治结束了。

但蒙古人还在。他们继续统治着中国北部的土地，朱元璋的军队始终不能打败蒙古。但元朝已经结束。朱元璋很快宣布建立新朝代，明朝，并统治了三十年。他把他的统治时期叫作洪武，洪意思是"伟大"或"像洪水一样"，武意思是"强大的军队"。这个名字表示新明朝是通过战争和强大建立起来的。朱元璋被叫为洪武帝。

元朝的结束让人们痛苦。多年的战争破坏了城市和家庭。但很多人也感到一种轻松。他们相信中国人的统治会带来社会稳定与公正。

回头看，元朝失败是因为统治不强、不公正、钱的问题以及对灾害反应慢。外来统治让

zhèxiē wèntí gèngjiā yánzhòng. Tā shuōmíng zhēngfú yí gè guójiā bǐ guǎnlǐ hǎo yí gè guójiā gèng róngyì. Méiyǒu xìnrèn de quánlì shì méiyǒu bànfǎ bǎochí xiàqu de.

Dànshì, Yuáncháo jiāng Zhōngguó yǔ gèng dà de shìjiè lián le qǐlái. Tā ràng bùtóng wénhuà hùxiāng cúnzài. Tā gǎibiàn le yìshù, màoyì hé sīxiǎng.

Yuáncháo de gùshi shì yígè yǒuguān tā de kāishǐ, quánlì, dòuzhēng, shuāiluò, yǐjí tā de jiéshù de gùshi. Tā tíxǐng wǒmen, lìshǐ bùjǐn shòu jūnduì hé tǒngzhìzhě yǐngxiǎng, yě shòu héliú, qián hé pǔtōngrén píngcháng shēnghuó de yǐngxiǎng.

Yuáncháo de gùshi dào zhèlǐ jiù jiéshù le.

这些问题更加严重。它说明征服一个国家比管理好一个国家更容易。没有信任的权力是没有办法保持下去的。

但是，元朝将中国与更大的世界连了起来。它让不同文化互相存在。它改变了艺术、贸易和思想。

元朝的故事是一个有关它的开始、权力、斗争、衰落、以及它的结束的故事。它提醒我们，历史不仅受军队和统治者影响，也受河流、钱和普通人平常生活的影响。

元朝的故事到这里就结束了。

The Yuan Dynasty:
China Under Foreign Rule

Chapter 1:
The World Before the Yuan Dynasty

On a cold morning in northern China, a rider moved across the open grassland. He sat easily on his horse, bow on his back, eyes on the faraway mountains.

Far to the south, in a busy city, a merchant opened his shop and prepared for the first customers of the day.

These two people lived in the same land, but in very different worlds.

Before the Yuan dynasty, China was not one country. It was divided. Different peoples ruled different regions. There was no single ruler for all of China. Different groups had different rulers, different armies, and different ways of life.

The Song dynasty, which came before the Yuan, ruled much of southern China. The Song government was strong in culture, learning, and business. Cities were large. People bought and sold goods, used paper money, and traveled by river and road. Schools were important, and many people studied to work for the government.

However, the Song dynasty's army was not as powerful as the armies of some other peoples. The Song rulers believed that learning and good government were more important than fighting. This led to a better life for the people, but it also caused problems when foreign enemies attacked.

During the Song Dynasty, there was a famous general named Yue Fei. He was loyal, hard working, and deeply respected by common people. His soldiers followed strict rules. They were taught not to take food from farmers and not to hurt civilians. People said his army "would rather starve than steal."

Yue Fei believed the Song rulers needed to act with courage and honesty. But the Song court was divided. Some officials feared war more than defeat. Yue Fei was later arrested and executed by his own government. Many people believed his death showed a serious weakness in Song rulers.

This story was part of a larger problem. The Song dynasty valued learning and good government, but it often lacked strong military leadership. This gave people a good life most of the time, but it also left the country vulnerable when enemies attacked from the outside.

North of the Song lands lived many different peoples. Some lived in small villages and farms, but many moved frequently with their animals, such as horses, sheep, and cattle. They lived on vast grasslands called the steppes. Life on the steppes was hard. People had to be strong, fast, and ready to fight.

Among these northern peoples were the Mongols. At first, the Mongols were not united. They lived in many small groups. Each group followed its own ruler. These groups often fought each other for land, animals, and power. Life was uncertain, and people did not trust each other.

Mongol children learned to ride horses at a very young age. They learned to shoot arrows while riding. Men and women both worked hard. Everyone helped each other. Because of this life, the Mongols became very skilled fighters. They could act quickly and fight far from home.

Between the Mongols and the Song dynasty stood other states. One important state was the Jin dynasty, ruled by the Jurchen people. The Jin dynasty ruled much of northern China. The Jin used Chinese forms of government, but they were not Chinese. They often fought with the Song dynasty and took land from it.

Because of this, China before the Yuan dynasty was already divided into a northern part ruled by the Jin dynasty, and a southern part ruled by the Song dynasty. Between them were borders, walls, and armies. People on each side feared the other side.

Inside Song China, life for most of the people was peaceful most of the time. Farmers worked their fields. Merchants sold goods in the markets. Families lived in towns and villages. But taxes were high, because the government needed money to protect the borders. Many people worried about war, even if it felt far away.

The Jin dynasty's rulers were also afraid. They had taken land from the Song, but they feared the Mongols to the north. The Jin army was large but slow. It relied on cities and walls for defense. This worked against the Song, but it did not work well against swift horsemen of the steppes.

Far to the north, a Mongol ruler named Temüjin began to change the old ways of life. Through war, skill, and strong leadership, he brought many Mongol groups together. People began to follow him instead of their old rulers. Later, he became known as Genghis Khan.

Genghis Khan changed Mongol society. He taught the people to be loyal to him, not only to their own family or group. He chose people based on ability, not birth. He made laws that the people could understand. He punished people who broke the rules, and he rewarded people who did well.

With a united Mongol army, Genghis Khan began to attack other lands. The Mongols fought against the Jin dynasty in the north. They also attacked lands far to the west. Their army moved quickly. They used horses, bows and arrows, and worked well together. Many cities fell. Many rulers became afraid.

When Genghis Khan died, his sons and grandsons continued his work. The Mongol Empire became very large, stretching across much of Asia. But China was not yet fully conquered. The Jin dynasty still ruled in the north, and the Song dynasty still ruled in the south.

As time passed, the Mongols defeated the Jin dynasty. Northern China fell under Mongol control. But the Song dynasty in the south continued to resist. The Song had strong cities, and rivers that were hard to cross. The war between the Mongols and the Song lasted many years but neither side could achieve victory.

Some Chinese people feared the Mongols and their army. Others hoped the new rulers would bring peace after so many years of war between north and south. Merchants worried about their businesses. Farmers worried about their land. Officials worried about their jobs.

The Mongols were different from the Chinese rulers before them. They did not come from cities or schools. They came from the steppes. They did not write many books. They valued action more than words. But they also learned quickly. They used Chinese officials, experts, and teachers when it helped them rule better.

Before the Yuan dynasty began, China was a land of division and change. Old dynasties were weak or falling. New powers were rising. The Mongols stood at the edge of China, no longer just outsiders, but future rulers.

Soon, the Mongol rulers would establish a new dynasty. They would rule not only the steppes, but all of China. This dynasty would be called the Yuan. But to understand the Yuan dynasty, we must first understand this world of divided lands, different peoples, and long wars that came before it.

Chapter 2:
The Founding of the Yuan Dynasty

The Yuan dynasty did not begin in the same way as earlier Chinese dynasties. It was created by a Mongol ruler, not a Chinese one. His name was Kublai Khan. To understand how the Yuan dynasty began, we must understand how the Mongols moved from conquest to rule.

After the death of Genghis Khan, the Mongol Empire began to split. Each of his sons and grandsons ruled a different land. They all followed Mongol customs, but they did not always agree with each other. Some ruled lands in the west, while some ruled lands in the north. Over time, the empire became large, but also very complex.

Kublai Khan was a grandson of Genghis Khan. He grew up among the Mongols, but he also understood Chinese life. He met Chinese officials, studied Chinese books with teachers, and learned how Chinese government worked. This made him different from many other Mongol rulers.

At first, Kublai Khan ruled only part of the Mongol lands. But he wanted more power. After a long struggle, he became the Great Khan, the supreme ruler of the Mongol Empire. Even then, he did not rule everything directly. Some Mongol rulers still governed their own regions. But in China, Kublai Khan had clear control.

At this time, northern China was already under Mongol rule, because the Jin dynasty had been defeated. But southern China was still ruled by the Song dynasty. The Song had powerful cities, rivers, and ships. They had wealth, food, and many people. They did not give up easily.

The war between the Mongols and the Song dynasty lasted many years. The Mongols learned new ways to fight. They used Chinese experts to build war machines. They learned how to fight on rivers and at sea. They gradually moved south.

Life during this war was hard for ordinary people. Armies marched through towns and villages. Food was taken. Houses were destroyed. Many people had to move. Some people starved or died from disease. Others tried to stay quiet and survive.

In the year 1276, the Song capital fell and the Song emperor was taken prisoner. But some Song rulers continued to fight. The final defeat of the Song dynasty came a few years later, in 1279. For the first time, the Mongols ruled all of China.

Even before the final defeat of the Song dynasty, Kublai Khan made an important decision. In 1271, he declared a new dynasty. He did not call it a Mongol dynasty. He called it the Yuan dynasty. This name came from a Chinese concept about the beginning of the world and great changes. By choosing a Chinese dynasty name, Kublai Khan sent a clear message. He was not only a conqueror. He was now the emperor of China. He wanted to rule China as earlier emperors had ruled, but in his own way.

Kublai Khan chose to establish his capital city in the north. He built a new capital where Beijing is today. The city was planned carefully. It had wide streets, large buildings, and strong walls. From this city, Kublai Khan ruled his new dynasty.

To govern China, Kublai Khan needed help. There were few Mongols compared to the Chinese people. They could not rule alone. So Kublai Khan used many Chinese officials. He also used people from other lands, such as Central Asia and the Middle East. He believed that people should be chosen for their ability, not only their family or place of birth.

At the same time, the Mongols kept the greatest power for

themselves. Mongols were at a higher level of social status than the Chinese. Some jobs were closed to Chinese people. Laws were not always the same for everyone. This angered many Chinese officials and families.

Still, the Yuan government brought peace after many years of war. Roads were improved and trade increased. Merchants traveled long distances. Because the Mongol Empire connected many lands, goods and ideas moved more easily than before. Silk, food, and other goods traveled far.

Kublai Khan also supported culture and learning. He welcomed scholars to his court. He protected different religions. Buddhism, Daoism, Islam, and Christianity all existed under Yuan rule. This made the Yuan dynasty different from earlier dynasties, which often favored just one belief system.

However, ruling China was not easy. The Mongols came from the steppes. They were used to movement and war, and they did not know how to govern a large farming society. Taxes had to be collected. Floods had to be controlled. Officials had to manage cities with large populations. Mistakes were made, and corruption began to emerge.

Some Mongols did not like Chinese ways. They feared that living in cities would make them weak. And some Chinese people did not like Mongol rule. They felt like outsiders in their own country. These problems did not disappear, even after the dynasty was founded.

The founding of the Yuan dynasty was not a single moment, but a process. It began with conquest, continued with the fall of the Song dynasty, and was confirmed when Kublai Khan declared himself emperor and chose a Chinese dynasty name.

For the first time, all of China was ruled by a non-Chinese dynasty. This was new and shocking for many people. Some accepted it. Some resisted it in quiet ways. But life continued, and a new chapter of Chinese history began.

The Yuan dynasty lasted for less than a hundred years. But during that time, it changed China in important ways. To understand those changes, we must first understand how this dynasty was founded. It was built through war, decisions, and the meeting of very different worlds.

Chapter 3:
Kublai Khan

Heroes are not always perfect people. Some heroes are remembered because they win battles. Others are remembered because they change how people live. Kublai Khan is remembered because he did both.

Kublai Khan was born into a Mongol family on the steppes. As a child he lived in a tent, not a palace. He learned to ride a horse before he could read. He learned to hunt with a bow and arrow. When food was scarce, he learned to live with hunger. This early life taught him strength and patience.

There is a story from his youth that shows his character. During a hunting trip, Kublai became separated from his group. As night fell, the weather turned cold. He did not panic, but remained calm, stayed near his horse to keep warm, and waited until morning. This kind of calm thinking stayed with him for life.

As a young man, Kublai spent time in northern China. This changed him deeply. He saw large cities, busy markets, and vast farmlands. He met Chinese officials who spoke calmly and planned carefully. He realized that ruling farmers was quite different from leading warriors.

One day, a Chinese advisor told him, "You can conquer China on horseback, but you cannot rule it that way." Kublai remembered these words, and they guided many of his later decisions.

When Kublai grew to become the ruler of the Mongols, he was not the strongest fighter, but he was a careful listener. At meetings, he often asked questions instead of giving orders. Some Mongol rulers thought this made him weak, but others saw it as wisdom.

After years of struggle within his family, Kublai became the Great Khan. Even then, his rule was not secure. Other Mongol rulers challenged him. Some accused him of becoming too Chinese. Kublai did not argue with this. He believed learning from China would make him a better ruler.

When Kublai decided to rule China as emperor, many Mongols were unhappy. They thought cities might make them soft and weak. They preferred the old way of life on the steppes. Kublai answered by doing both. He kept Mongol traditions alive, but he also adopted Chinese systems of government.

Kublai built a new capital city in the north. The first time he visited the city, he walked along its wide streets and watched people work. He asked officials about prices in the market and food supplies. He wanted to understand daily life, not just palace affairs.

Kublai Khan loved hunting and horseback riding, but he also enjoyed Chinese art and music. At court, he invited scholars, monks, and foreign guests. One visitor later wrote that Kublai could discuss war one moment and poetry the next.

Under Kublai's rule, the Mongols finished their victory over the Song dynasty. The war was long and costly. When the final Song resistance ended, Kublai did not celebrate loudly. Instead, he ordered officials to resume their duties and protect food supplies. He knew victory brought responsibility.

Kublai Khan also welcomed people from many lands. Merchants, officials, and travelers came from Central Asia, the Middle East, and Europe. Kublai listened to their stories and ideas. He believed that a ruler should understand the wider world.

But Kublai Khan also made mistakes. He ordered his armies to attack territories outside of China, including Japan. These campaigns failed. Many ships were lost in storms. Soldiers died far from home. Kublai was deeply disappointed.

In his later years, Kublai became sadder and more withdrawn. Many of his family members died. His health declined. He spent more time indoors and less time riding horses. Officials noticed that he made decisions more slowly. Some people said the old warrior had become tired. Others said he had given too much of himself to rule. Even heroes grow old.

Kublai Khan was not perfect, but he changed history. He founded the Yuan dynasty. He ruled all of China as a foreign emperor. He connected China to a wider world and allowed different cultures to meet.

Was Kublai Khan a hero? For the Mongols, he was a great ruler. For many Chinese, he was a ruler who brought both peace and pain. Perhaps he was a man who stood between two worlds.

Heroes are not only brave or strong. Their choices change the lives of millions. Kublai Khan was such a hero. His life shows how one person can connect different cultures, make hard decisions, and leave a lasting mark on history.

In the next chapter, we will see how the rulers who followed Kublai Khan struggled to walk the same path, and how their personal weaknesses shaped the Yuan dynasty.

Chapter 4:
The First Rulers

Kublai Khan founded the Yuan dynasty, but his death was a time of great change. He was an old man when he died in 1294. He had ruled for many years and carried the weight of the empire on his shoulders. People at court worried about the future. They asked, who could rule China after such a powerful ruler?

Kublai Khan's grandson, Temür, became the next emperor. Temür grew up in the imperial court. He was used to wealth and ceremony throughout his life. Unlike his grandfather, he had never lived on the steppes or led armies in long battles.

Temür Khan was quiet and cautious. He did not enjoy war and preferred stability. One of his first actions was to stop some war plans and make life easier for the people. He lowered certain taxes and allowed officials to go back to old ways of doing things. Many people felt relief.

Temür often listened more than he spoke. At court meetings, he allowed advisers to argue before making decisions. This stopped him from making mistakes, but it also made him appear weak. Powerful officials learned how to influence him quietly.

Temür ruled for only a few years. He died in 1307. His rule was stable, but it did not resolve the problems left by his grandfather's rule. After his death, the court became more unstable.

Several emperors followed in quick succession. Some were ill when they took the throne. One emperor ruled for only a few months before dying. Another was young and relied completely on older relatives. Yet another emperor stayed inside the palace for long periods, avoiding contact with officials, and gave orders by passing messages through many servants and advisers. Decisions were slow. When floods damaged farmland, help came too late.

These problems made people nervous. Officials began to worry more about protecting themselves than serving their country.

Then a different kind of ruler appeared: Ayurbarwada Buyantu Khan. He was very interested in Chinese learning. He studied Confucian books and discussed with scholars late into the night. Unlike other Mongol rulers, he believed education mattered.

Ayurbarwada restored the civil service examination system. This was an important moment. Scholars who had waited many years finally had hope again. One official later wrote that when the exams returned, many men cried with relief.

Ayurbarwada also tried to reduce corruption. He punished officials who accepted bribes. He spoke to everyone about justice and duty. For a short time, people believed the Yuan dynasty might become stronger again.

But Ayurbarwada faced resistance. Mongol nobles did not like losing power. Some disobeyed his orders. Others waited for him to die. When he finally died, many of the things he had done disappeared.

Later emperors were weaker. There was one ruler who loved pleasure. He spent long hours eating, drinking, and watching performances. While he enjoyed comfort, his officials competed for power and wealth. The people whispered stories about the emperor, saying that he did not even know the price of rice. They said he never left the palace. It did not matter whether these stories were true or not. They showed how little trust the people had in their leader.

Life at court became dangerous. Officials were informing on each other, revealing illegal acts committed by others. Some were suddenly removed from their positions. Others were punished without clear reason. Officials were filled with fear, and loyalty disappeared.

Emperors listened more and more to small groups of advisers, who controlled access to them. If someone wanted help, they had to pay or wait. This system increased corruption and made the people angry.

Meanwhile, ordinary people suffered because of weak leadership. Taxes rose without explanation. Floods were not managed well. Soldiers were poorly supplied. When rebellions occurred, the government was slow to react.

By the later years of the Yuan dynasty, many people believed the emperors had lost the Mandate of Heaven. In Chinese tradition, this meant Heaven no longer supported them. This belief spread quietly but powerfully.

These rulers who followed Kublai Khan were not all cruel or foolish. Many tried to rule well. But they did not have his strength or experience, and they were not great leaders. Small personal weaknesses became large problems.

This is how a dynasty can weaken from the inside. Even a strong foundation is useless if later leaders cannot maintain it. History is shaped by the personal habits, daily choices, and private fears of rulers.

In the next chapter, we will leave the palace and look at the lives of ordinary people. Their daily struggles show the true cost of the weak rule of the Yuan dynasty.

Chapter 5:
Lives of Ordinary People

Most people living under the Yuan dynasty were not emperors, officials, or soldiers. They were farmers, workers, shop owners, and families trying to survive. Their lives were shaped by land, taxes, work, and worry about the future.

In the countryside, farming families worked from early morning until late at night. In the south, many grew rice. In the north, wheat and millet were common crops. Families worked together. Parents, children, and grandparents all helped in the fields.

One farmer remembered waking before sunrise every day. He said, "The land does not care who rules China. The crops still need water, and weeds still have to be pulled." But the tax collectors did care. They came each year and demanded food or labor.

Under the Yuan dynasty, taxes were often heavy. Some farmers paid in grain. Others were forced to work on roads or government buildings. When officials were honest, life was difficult, but when officials were corrupt, life became cruel.

There is a story of a village where an official demanded more grain than the law allowed. The farmers argued, but the official told them they would be punished. In the end, families hid part of their harvest in the hills where the tax collectors would not find it. They survived the winter, but they were afraid.

Many young men were taken into the army or sent to forced labor. Some never returned. One mother waited years for her son. She kept his bed clean and his clothes folded, hoping he would come home. He never did.

Life in cities was different, but still not easy. Cities were crowded and noisy. Streets were full of carts, animals, and people. Shops sold food, cloth, tools, and paper. Markets were busy from morning until evening.

Shop owners in the city had to use paper money. At first, they liked paper money because it was light and easy to carry. But later they grew angry because they needed more and more paper money to buy the same goods. Shop owners raised prices, and customers were very unhappy.

Workers in cities did many kinds of jobs. Some made shoes or clothes. Some worked on ships. Pay was often low, and work was not steady. When trade was good, people ate well, but when trade slowed, the people were hungry.

Because the Yuan dynasty ruled many lands, cities were home to many different kinds of people. People from Central Asia, the Middle East, and other regions lived together in Chinese cities. Different foods, clothes, and languages could be seen and heard.

One street might have a Chinese tea shop, a Muslim butcher shop, and a foreign merchant selling cloth. Some people were curious about their neighbors, but others did not like them because they were different. Fights sometimes broke out, but daily life continued.

Social rules affected ordinary people deeply. Mongols had special rights. They often paid less tax and faced lighter punishment. Chinese people, especially in the south, had fewer protections. This angered many people

A small dispute could turn serious. One story tells of a Chinese farmer and a Mongol who argued over who owned a piece of land. The court ruled quickly in favor of the Mongol. The farmer said nothing, but he returned home angry. His neighbors understood and also became angry.

Even so, family life continued. People married, raised children, and honored their ancestors. Festivals were still celebrated. During holidays, families cooked special food and shared stories. These moments brought comfort.

Religion played a strong role in daily life. Religious buildings were places of hope. When life felt unfair, people prayed. A woman who lost her home in a flood went to a temple each day. She said it helped her survive her grief.

Storytelling and plays were popular among common people. In cities, people gathered to watch plays. These stories often showed honest people suffering under corrupt officials. Audiences laughed, cried, and nodded in agreement.

One worker said he liked these plays because "they speak for people like me." Drama allowed people to express feelings that they could not speak of openly.

Despite suffering, people were not always unhappy. Children still played in streets and fields. Neighbors helped each other during hard times. In villages, people gave food to neighbors who had none.

But fear was always present. Floods, tax, war, and rebellion could appear suddenly. Many families kept small bags ready, in case they had to flee.

Life under the Yuan dynasty was not only about pain or peace. It was about surviving. Ordinary people learned how to adapt without being defeated. They helped each other and waited for things to improve.

Their quiet strength kept society alive, even when rulers failed. To understand the Yuan dynasty fully, we must remember these people. They were the farmers, workers, and their families, who carried history forward through their daily lives.

Chapter 6:
Ideas, Beliefs, and Learning

Ideas and beliefs during the Yuan dynasty were shaped by people who crossed the borders between cultures, religions, and ways of life. Because the rulers were Mongols, China was more open to new ideas than before. But at the same time, many old traditions were weakened, and this created both loss and opportunity.

One important figure was Phagpa, a Tibetan Buddhist monk. He was invited to the court of Kublai Khan when he was still a young man. Phagpa was calm and confident. He spoke about Buddhism with clarity and strength. Kublai Khan respected him deeply.

Phagpa became the spiritual teacher of Kublai Khan. He explained Buddhist ideas about suffering, control of desire, and responsibility. Kublai believed these ideas could help him rule more wisely. Because of this relationship, Tibetan Buddhism gained special support under the Yuan dynasty. When Kublai Khan faced difficult decisions, he sometimes asked Phagpa for advice instead of generals or officials. This showed how much he trusted spiritual guidance, not only force.

At the same time, many Confucian scholars suffered. Before the Yuan dynasty, scholars studied books and took exams to become officials. But in the early days of the Yuan, the examination system was stopped. One scholar wrote that it felt like "a road had suddenly ended."

Some scholars refused to serve the Yuan dynasty. They believed it was wrong to serve foreign rulers. Instead, they stayed home, taught students, or wrote books. One scholar lived quietly in the countryside, growing vegetables by day and writing poems at night. His poems spoke of loss, memory, and patience.

Other scholars made different choices. They served the Yuan dynasty to protect Chinese culture from within the system. One scholar of the time, Ni Zan, chose to live quietly and avoid government service. In his poems, he often wrote about passing time and the feeling of living apart from the world. His writing expressed loss without anger and patience without surrender. In one of his poems, he wrote,

> He writes of a quiet hut beside the water,
> where days pass slowly,
> friends are distant,
> and the heart learns to remain still.

Later, the Yuan rulers restored the civil service examination system. When this happened, many scholars celebrated. One man was already middle-aged when he finally took the exam. He had waited for most of his life. When he passed, he bowed to his books and wept.

Islam also became more visible during the Yuan dynasty. Many Muslim merchants and officials came from Central Asia. They brought new food, customs, and beliefs. In some cities, mosques were built. Muslims lived alongside Chinese families.

Some Muslim officials served as financial advisers. They were skilled with numbers and trade, and the Yuan rulers valued their practical ability. These people helped to bring new ideas about trade and finance into Chinese life.

Christianity also existed in the Yuan dynasty. Foreign travelers and missionaries came to China under Mongol protection. One visitor wrote that he was surprised to find churches allowed in Chinese cities. This openness was unusual compared to earlier dynasties.

Because many scholars were excluded from government, the folk culture of the people grew stronger. Drama and storytelling became important ways to talk about difficult matters. Writers told stories of injustice, loyalty, and courage. These stories were easy to understand and reached ordinary people.

Ideas during the Yuan dynasty were not controlled by one group. Instead, many beliefs existed side by side. Buddhism, Confucian learning, Islam, Christianity, and folk religions all played a role. This created conflict but also an exchange of ideas.

Some people felt confused by these changes. Others felt hopeful. One writer said the world felt broken, but also full of voices that had never been heard before.

The Yuan dynasty was a time when learning moved into homes, temples, and theaters. Ideas survived not because they were ordered, but because people carried them forward.

Understanding these personal stories helps us see the Yuan dynasty more clearly. Ideas live through people, such as teachers, monks, merchants, scholars, who make choices in difficult times.

In the next chapters, we will see how these ideas and beliefs shaped culture, technology, conflict, and finally led to the end of the Yuan dynasty.

Chapter 7:
Art and Culture

During the Yuan dynasty, many Chinese scholars could no longer serve the government. The rulers were Mongols, and many old paths were closed. But in this difficult time, new forms of art appeared. Two individuals can help us understand this world more clearly: Zhao Mengfu and Guan Hanqing.

Zhao Mengfu was born into a Chinese family with a long history of serving the government. His family had served earlier dynasties, including the Song. When the Yuan dynasty took power, Zhao Mengfu faced a hard choice: refuse to serve the new rulers, or accept Yuan rule and work within it.

Zhao Mengfu chose to serve the Yuan dynasty. This decision was controversial. Some Chinese scholars criticized him, believing that serving a foreign dynasty was wrong. Zhao Mengfu understood this criticism, but he believed culture could survive even under foreign rule.

Zhao Mengfu became a high official under the Yuan government, but he is remembered most for his art. He was a great painter and calligrapher, and he believed art should express the soul of the artist, not just copy the outside world.

In his painting, he returned to older methods of painting. He painted horses, landscapes, and grasses using simple lines and quiet spaces. His paintings did not try to look real in a detailed way. Instead, they showed control and personal feeling.

In calligraphy, Zhao Mengfu was especially influential. His Chinese characters were clear. Later artists studied his ways of painting for hundreds of years. Through his work, Zhao Mengfu helped preserve Chinese artistic traditions during a time of foreign rule.

While Zhao Mengfu worked at the imperial court, another cultural leader spoke to ordinary people. His name was Guan Hanqing.

Guan Hanqing was a playwright. He did not serve the government, but instead he wrote plays. He lived in a city where theater was popular. Because he wrote his plays in spoken language rather than literary language, they were easy to understand, and ordinary people could follow the stories and feel the emotions in them.

Guan Hanqing's plays often focused on injustice. Many stories showed good people suffering under corrupt officials. Judges were sometimes cruel. Rich people were unfair. Poor people had nowhere to turn. Guan Hanqing used his plays to give voice to common people.

One of Guan Hanqing's most famous plays, "The Injustice to Dou E," tells the story of a woman who is punished for a crime she did not commit. Before she is put to death, she makes three vows that, if they come true, will prove she is innocent. These three vows are: her blood will not fall to the ground, snow will fall in summer, and a severe drought will strike the region. All three of these things come true.

This story reflects the anger and pain many people felt during the Yuan dynasty.

Guan Hanqing believed drama should be direct and emotional. He said that he wrote with his heart, not to gain praise from others. His work shows strong feeling, clear conflict, and deep sympathy for the weak.

These two artists, Zhao Mengfu and Guan Hanqing, show two different paths of Yuan culture. Zhao Mengfu was a scholar who protected tradition from inside the system, while Guan

Hanqing was a writer who spoke to the people outside the system. Both paths were important and helped Chinese culture survive a difficult time. Painting, calligraphy, and drama did not disappear under the Yuan dynasty. Instead, they changed and grew in new directions.

The art of the Yuan dynasty was shaped by foreign rule, social tension, and personal suffering. But it was also shaped by creativity and strength. Through figures like Zhao Mengfu and Guan Hanqing, culture continued even when politics failed.

In later dynasties, artists and writers looked back to the Yuan period for new ideas. They saw it as a time when true feeling entered art more openly. In this way, the cultural leaders of the Yuan dynasty left a lasting mark on Chinese history.

Chapter 8:
Technology and Inventions

The Yuan dynasty did not produce many new inventions in daily tools, but there were important advances in science and systems. We will look at two examples to better understand this. One is the work of a great scientist named Guo Shoujing, and the other is the use of paper money across the empire.

Guo Shoujing was one of the most important scientists of the Yuan dynasty. He lived during the time of Kublai Khan and worked for the government. His work focused on time, space, and water. These were practical problems that affected farming and other matters of daily life.

One of Guo Shoujing's main tasks was to improve the calendar. In China, the calendar was more than a way to calculate dates. It showed whether the ruler understood Heaven, and whether Heaven supported the ruler. Farmers used the calendar to know when to plant and harvest crops, and the government used it to plan rituals, collect taxes, and organize work.

Chinese rulers believed they ruled with the Mandate of Heaven. If the calendar was accurate, it showed harmony between Heaven and the human world. If the calendar was wrong, crops failed, rituals were mistimed, and people suffered. When this happened, many believed Heaven was telling them that the ruler was losing its support. For this reason, keeping the calendar correct was not just a scientific task, it was a political necessity.

Guo Shoujing carefully observed the sun, moon, and stars. He built tools to measure their movement. Using these observations, he helped create a new calendar that was more accurate than previous ones. This calendar reduced errors and helped farmers better plan their crop planting.

Guo Shoujing also worked on water projects. Water control was always a problem in China. Floods could destroy land and homes, and drought could cause hunger. Guo Shoujing helped improve systems to manage rivers and canals. He worked on the Grand Canal, which connected northern and southern China. This canal was vital for transporting grain and other goods. Improvements to the canal helped transport grain to the capital, which supported large cities.

Guo Shoujing's work shows an important feature of Yuan science and technology. The Mongol rulers supported science whenever it helped them rule the country better. Guo Shoujing was respected because his work was useful.

The second important innovation of the Yuan dynasty was paper money. Paper money had existed before the Yuan, but the Yuan government used it more widely than any earlier dynasty. The Yuan rulers wanted an easy way to pay soldiers, officials, and workers. Carrying metal coins across long distances was difficult. Paper money was light and convenient. The government printed paper money and ordered people to use it.

At first, paper money helped trade. Merchants could buy and sell goods more easily. Markets became more active. Trade between north and south increased. But over time, serious problems appeared. The government did not understand that printing too much paper money caused the money to become less valuable. There was not enough silver or goods to support its value. Prices rose, and people needed more and more money to buy food and daily necessities.

Ordinary people suffered the most. Farmers received paper money for their crops, but its value fell. Workers were paid in notes that bought less each year. Trust in the money system declined.

The story of Yuan paper money shows that technology can help, but it must be used carefully. An invention is not only about the tool itself. It is also about how people manage it.

Together, Guo Shoujing and paper money show two sides of Yuan technology. One shows the long term benefit of careful study and observation. The other shows the risks of acting quickly without thinking.

The Yuan dynasty connected many lands and allowed knowledge to travel. But it also showed that technology alone cannot solve social problems. Good management and trust are just as important.

In the next chapter, we will see how the Yuan dynasty dealt with other countries and peoples, as well as the impact of foreign relations and conflicts on its rise and decline.

Chapter 9:
Foreign Relations and Conflict

The Yuan rulers were Mongols, and they did not see China as the center of the world. They saw it as part of a much larger land. This view brought new contact, new stories, and also great conflict.

One of the most famous foreign events of the Yuan dynasty was the attempt to conquer Japan.

Kublai Khan believed that Japan should accept his rule. He sent messages to the Japanese rulers, demanding that they surrender peacefully. The Japanese rulers did not answer clearly. Some ignored the messages, while others responded slowly. Kublai Khan took this as refusal.

In 1274, Kublai Khan ordered his first attack on Japan. The Mongols built ships and gathered soldiers from many lands, including Mongols, Chinese, and Koreans. Many of these soldiers had never fought on the sea before.

When the warships reached Japan, the Mongol army landed and began to fight. At first, their weapons and organization surprised the Japanese defenders. But the fighting was hard, and the Mongols could not advance further inland.

Then a powerful storm struck. Strong wind and rain destroyed many ships. Soldiers drowned, and others lost their supplies. The Mongol army had no choice but to retreat.

But Kublai Khan did not give up. He believed the defeat was simply due to bad luck. A few years later, in 1281, he ordered a second invasion of Japan. This time, the army was even larger. He brought 3,500 ships from southern China, plus another 900 ships from Korea. Together, these ships carried 140,000 soldiers to the shores of Japan.

Again, the fighting was difficult. Again, the Mongols arrived on the coast of Japan, but they could not break through the Japanese coastal defenses such as stone walls, and they could not move far from the shore. Many Mongol and Korean soldiers had to stay on their ships or on the seashore. Meanwhile, the Japanese soldiers did not come out to fight. They stayed in safe places, behind their walls.

Again, a great storm came. Ships crashed into each other, sinking to the bottom of the sea, and thousands of soldiers died.

The Japanese later called these storms "kamikaze," divine wind. To them, it was a sign that the gods had protected their country. To Kublai Khan, it was a bitter failure. He lost many men, many ships, and a lot of money. After this, Kublai Khan stopped trying to conquer Japan. The invasions weakened the Yuan dynasty and showed that even a powerful empire had limits.

Although the wars were unsuccessful in some areas, connections with other regions were successfully established. Under the Yuan dynasty, many foreign visitors came to China.

One of the most famous was Marco Polo, a traveler from Europe. He came to China with his family and later served the Yuan court. He traveled through many parts of the country and saw things that were unknown in Europe.

Marco Polo wrote about wide roads, busy cities, paper money, and large markets. He wrote about the wealth of the Yuan capital and the power of Kublai Khan. Many people in Europe did not believe his stories at first. They sounded too strange to be true.

Whether all his stories were true or not, Marco Polo's account shows that the Yuan dynasty was open to foreign visitors. Traders, officials, and other travelers from other countries could live and work in China.

Merchants from Central Asia and the Middle East were especially important. They helped manage trade and money. They brought goods, ideas, and new foods. In cities, people heard many languages and saw different customs. These foreign contacts made the Yuan dynasty part of a larger world. Goods moved across long distances. Knowledge traveled with them. China was no longer closed behind borders.

But openness also led to tension. Foreign officials sometimes held high positions. Some Chinese people felt excluded in their own land. This caused anger and distrust.

Foreign relations under the Yuan dynasty were full of contrasts. The same empire that welcomed travelers failed in distant wars. It connected cultures, but also created conflict.

These events show both the strengths and weaknesses of the Yuan dynasty. It reached far beyond China, but sometimes reached a little too far. It opened doors, but could not always control what came through them.

In the final chapter, we will see how these foreign failures and internal problems came together, and how the Yuan dynasty finally came to an end.

Chapter 10:
The Decline and Fall of the Yuan Dynasty

The Yuan dynasty did not fall in a single year or a single battle. Its end came through a series of events that showed how weak the government had become. These made people lose trust and hope, and finally rise up against their rulers.

One important problem was money.

During the first half of the Yuan dynasty, from about 1260 to 1300, prices were stable and paper money was backed by silver. But later, the government no longer backed its paper money with silver. It printed more and more paper money, because officials needed more money to pay soldiers, build projects, and support the court.

Printing paper was easy, but controlling its value was not.

As more paper money was printed, its value decreased. Prices of goods began to rise. A bag of rice that once cost a small amount now cost much more. Ordinary people felt this change every day. Farmers sold grain but could buy less food in return. Workers were paid, but their pay bought less and less.

People began to distrust the government's paper money. Some refused to accept it. Trade slowed down, and anger spread through markets and villages.

In 1344, a natural disaster occurred. The Yellow River flooded. The flood was so powerful that the river changed its course, flooding vast areas of farmland and many villages. Houses were destroyed. Crops were lost. Families had no food and no place to live.

Over the next few years, there were more natural disasters,

including severe droughts and more flooding of the Yellow River. The people asked the government for help, but the response was slow. Officials argued over who was responsible. Some stole money that was meant for the people. Others did nothing at all.

For people who had lost everything, this was a terrible thing. One farmer later said, "The river took my land, but the government took my hope."

As suffering increased, rebellion began.

One of the most important rebel movements was the Red Turban movement. It began among poor farmers and workers. Many members wore a red cloth on their heads as a sign of unity.

The rebels believed the natural disasters were a sign that the Yuan rulers had lost the Mandate of Heaven. The Red Turban army promised to end suffering and bring a new order.

At first, the government ignored the rebels. Officials believed the Red Turbans were a small and weak group. But the rebels grew stronger and stronger. They captured towns and defeated local armies. Many ordinary people joined them, not because they loved war, but because they had nothing left to lose.

One rebel ruler was Zhu Yuanzhang. His parents had died, and he was so poor that he briefly lived in a temple and begged for food. He understood hunger and fear. Because of this, people trusted him.

Zhu Yuanzhang joined the Red Turbans in 1352 at the age of twenty-four. He quickly rose in power and was given his own army. He organized his forces carefully. He punished soldiers who harmed civilians. He distributed food. Villagers supported him and gave information. Step by step, his power grew. In 1356 his forces captured Nanjing, a major city. He rejected Mongol rule, and created his own government that included army generals and Confucian scholars. In 1363 he defeated other rebel rulers and a year later he declared himself King Wu.

Meanwhile, the Yuan court became more confused. Emperors changed often. Advisers fought for control. Orders were given and then reversed. Soldiers were not paid on time. Some deserted. Others joined the rebels.

The rebel armies moved closer to the capital. Panic spread at court. Officials blamed each other. Some fled. Others hid.

In 1368, Zhu Yuanzhang's forces reached the Yuan capital. There was little resistance. The city gates were opened. The last Yuan emperor fled north with his court.

Over the next four years, Zhu drove the Mongol armies out of China. Their rule was over.

The Mongols did not disappear. They continued to rule lands north of China, and Zhu Yuanzhang's army was never able to defeat them completely. But the Yuan dynasty had ended. Zhu Yuanzhang soon declared a new dynasty, the Ming dynasty, and ruled it for the next thirty years. He named his reign Hongwu, where hóng (洪) meant "great" or "like a flood," and wǔ (武) meant "powerful army." The name showed that the new Ming dynasty was founded through war and strength. Zhu became known as the Hongwu Emperor.

The fall of the Yuan dynasty was painful. Years of war destroyed cities and families. But many people also felt relief. They believed Chinese rule would return order and fairness.

Looking back, the Yuan dynasty failed because of weak leadership, unfair treatment, money problems, and slow response to disaster. Foreign rule made these problems deeper. It showed that conquering a country is easier than ruling it well. Power without trust cannot last.

However, the Yuan dynasty connected China to the wider

world. It allowed different cultures to meet. It changed art, trade, and ideas.

The story of the Yuan dynasty is of rise, power, struggle, decline, and fall. It reminds us that history is shaped not only by armies and rulers, but also by rivers, money, and the daily lives of ordinary people.

This ends the story of the Yuan dynasty.

Recommended Readings

Weatherford, J. (2024). *Emperor of the Seas: Kublai Khan and the Making of China.*

> This focuses on Kublai specifically, and places his actions in the broader context of Yuan state building and cultural adaptation, making it engaging and relevant for readers interested in leadership and empire.

Brook, T. (2013). *The Troubled Empire: China in the Yuan and Ming Dynasties.* Harvard University Press.

> A broad introduction to Yuan and early Ming China, rich with anecdotes and analysis. It relates Yuan to the following dynasty, which helps to explain long-term trends and transitions.

Wang, H. (2025). *The Yuan Dynasty: A History of China.*

> This book focuses squarely on the Yuan dynasty itself, offering narrative accounts of key figures such as Ögedei, Yelü Chucai, and later rulers, court politics, and the everyday workings of the state.

Favereau, M. (2021). *The Horde: How the Mongols Changed the World.*

> Useful for anyone who wants to understand the Yuan dynasty as part of the larger Mongol world, including the broader cultural and economic impacts of Mongol rule. It's accessible for general readers.

Saunders, J. J. (1971). *The History of the Mongol Conquests.* (former title: *Genghis Khan and the Mongol Horde.*) London: Routledge & Kegan Paul.

> A classic account of the Mongol conquests, centered on

Genghis Khan and the early expansion of Mongol power. It does not focus on the Yuan dynasty itself, but provides essential background for understanding how the Mongols came to rule China.

Glossary

These are all the Chinese words, other than proper nouns, used in this book.

Chinese	Pinyin	English
爱(情)	ài (qíng)	love
岸(边)	àn (biān)	shore
安(静)	ān (jìng)	quiet, peaceful
安排	ānpái	to arrange
安全	ānquán	safety
按时	ànshí	on time
按照	ànzhào	according to
拔	bá	to pull
把	bǎ	(measure word for gripped objects)
八	bā	eight
把关	bǎguān	gatekeeping
百	bǎi	hundred
百万	bǎiwàn	million
白天	báitiān	day, daytime
半	bàn	half
搬(动)	bān (dòng)	to move
办法	bànfǎ	method
帮(忙)	bāng (máng)	to help
帮(助)	bāng (zhù)	to help
保持	bǎochí	to keep
暴风雨	bàofēngyǔ	storm

保护	bǎohù	to protect
包括	bāokuò	including
保证	bǎozhèng	to ensure
被	bèi	(particle before passive verb)
北	běi	north
背	bēi	to carry on back
本	běn	original, (measure word for books)
比	bǐ	compared to
边	biān	side
变(成)	biàn (chéng)	to change, to become
变化	biànhuà	change
边界	biānjiè	boundary
表	biǎo	table, list, surface
表明	biǎomíng	indicated
表示	biǎoshì	to indicate
表现	biǎoxiàn	performance
表演	biǎoyǎn	performance
别	bié	do not, other
比较	bǐjiào	compare, relatively
并	bìng	and
病	bìng	sick, illness
兵	bīng	soldier
并不	bìng bù	not
并且	bìngqiě	and
比如	bǐrú	like what
必须	bìxū	have to

不	bù	no, not
布	bù	cloth
不到	bú dào	less than
不公正	bù gōngzhèng	injustice
不再	bú zài	no longer
不得不	bùdébù	no choice but to
不管	bùguǎn	in spite of
不仅	bùjǐn	not only
不久	bùjiǔ	not long ago, soon
不幸	búxìng	unfortunately
不行	bùxíng	no way, out of the question
不在乎	bú zàihu	not give a damn about
菜	cài	dish (of food), vegetable
参加	cānjiā	to participate, to join
残酷	cánkù	cruel
草	cǎo	grass, straw
草地	cǎodì	meadow
草原	cǎoyuán	grassland
茶	chá	tea
差	chà	poor
长	cháng	long
场	chǎng	field, (measure word for events, performances, occasions)
常见	chángjiàn	common
吵	chǎo	noisy
朝(代)	cháo (dài)	dynasty
朝廷	cháotíng	royal court

沉	chén	to sink
城(市)	chéng (shì)	city
成(为)	chéng (wéi)	to become
承担	chéngdān	undertake
惩罚	chéngfá	punishment
成功	chénggōng	success
诚实	chéngshí	honest
城镇	chéngzhèn	town
持	chí	hold
吃(饭)	chī (fàn)	to eat
吃惊	chījīng	to be surprised
冲突	chōngtū	conflict
出	chū	out
除掉	chú diào	get rid of
传	chuán	to pass on, to transmit
船	chuán	boat
穿(过)	chuān (guò)	to pass through
床	chuáng	bed
创造力	chuàngzàolì	creativity
传教士	chuánjiàoshì	missionary
传统	chuántǒng	tradition
出身	chūshēn	origin
出生	chūshēng	born
出现	chūxiàn	to appear
从	cóng	from
从来没有	cónglái méiyǒu	there has never been

聪明	cōngming	clever
村(庄)	cūn (zhuāng)	village
错	cuò	wrong
错误	cuòwù	mistake
大	dà	big, great
打	dǎ	to hit, to play
大部分	dà bùfèn	most of them
打碎	dǎ suì	to smash
打败	dǎbài	defeat
大海	dàhǎi	sea
代	dài	generation
带(领)	dài (lǐng)	to carry, to lead, to bring, a band, a belt
戴	dài	to wear
袋(子)	dài (zi)	bag
代表	dàibiǎo	to represent
代价	dàijià	cost (of a sacrifice)
大家	dàjiā	everyone
打开	dǎkāi	to turn on, to open
打猎	dǎliè	hunt
但(是)	dàn (shì)	but
当	dāng	when
当时	dāngshí	at that time
担任	dānrèn	hold
担心	dānxīn	to worry
到	dào	to arrive, towards
道	dào	path, way, dao, to say, (measure word for lines, orders)

倒下	dǎo xià	to fall
到处	dàochù	everywhere
道教	Dàojiào	daoism
打破	dǎpò	to break down
大声	dàshēng	loud
大约	dàyuē	approximate
地	de	land, (adverbial particle)
得	de	(particle showing degree or possibility)
的	de	(possessive particle)
得到	dédào	to get
等	děng	to wait
敌	dí	enemy
帝	dì	emperor
第	dì	(prefix before a number)
低	dī	low
店	diàn	store
点(点)头	diǎn (dian) tóu	to nod
掉	diào	to fall, to drop, to lose, (express completion, fulfillment, removal, etc.)
第二	dì'èr	second
地方	dìfang	location, place
帝国	dìguó	empire
抵抗	dǐkàng	resistance
地理	dìlǐ	geography
地区	dìqū	region
冬(天)	dōng (tiān)	winter
动物	dòngwù	animal

东西	dōngxi	thing
斗	dòu	to fight
都	dōu	both, all
斗争	dòuzhēng	struggle
读	dú	to read
断	duàn	broken, to break
段	duàn	(measure word for sections)
短	duǎn	short
度过	dùguò	to survive
都会	dūhuì	city
对	duì	correct, towards someone or something, pair
队	duì	team
对外关系	duìwài guānxì	foreign relations
对于	duìyú	for
多	duō	many
躲(开)	duǒ (kāi)	to hide, avoid
读书人	dúshūrén	student, scholar
饿	è	hunger
耳(朵)	ěr (duo)	ear
而(且)	ér (qiě)	and
而是	érshì	but
儿子	érzi	son
发	fà	hair
法官	fǎguān	judge, magistrate
法律	fǎlǜ	law
发明	fāmíng	invention

反对	fǎnduì	oppose
放	fàng	to put, to let out
方便	fāngbiàn	convenient
方法	fāngfǎ	method
方面	fāngmiàn	aspect, side
放弃	fàngqì	to give up, surrender
方式	fāngshì	way
防守	fángshǒu	defense
放松	fàngsōng	to relax
放下	fàngxià	to lay down
方向	fāngxiàng	direction
房子	fángzi	house
反应	fǎnyìng	reaction
发生	fāshēng	to happen
发现	fāxiàn	to find out
法院	fǎyuàn	court
发展	fāzhǎn	to develop
非常	fēicháng	very
飞快	fēikuài	fast
分为	fēnwéi	divided into
分成	fēnchéng	divided into
风	fēng	wind
风景	fēngjǐng	landscape
分开	fēnkāi	separate
分离	fēnlí	separate
佛教	Fójiào	buddhism

付	fù	to pay
富	fù	wealth
腐败	fǔbài	corruption
父母	fùmǔ	parents
服务	fúwù	to serve
复杂	fùzá	complex
改(变)	gǎi (biàn)	to change
改进	gǎijìn	improved
赶	gǎn	to chase, to rush
感(到)	gǎn (dào)	to feel
感兴趣	gǎn xìngqù	interested
刚(才)	gāng (cái)	just, just a moment ago
干旱	gānhàn	drought
干净	gānjìng	clean
感觉	gǎnjué	to feel
感情	gǎnqíng	emotion
感受	gǎnshòu	feel
高	gāo	tall, high
高大	gāodà	tall
高级	gāojí	high ranking
告诉	gàosu	to tell
高兴	gāoxìng	happy
个	gè	(measure word, generic)
各	gè	each
个例	gè lì	individual examples
各地	gèdì	throughout

给	gěi	to give
跟(着)	gēn (zhe)	with, to follow
更	gèng	even, watch (2-hour period)
更加	gèngjiā	more
根据	gēnjù	according to
跟随	gēnsuí	follow
个儿	gèr	height
各种	gèzhǒng	various
弓	gōng	bow (for arrows)
攻打	gōngdǎ	attack
弓箭	gōngjiàn	bow and arrow
工具	gōngjù	tool
工人	gōngrén	worker
宫廷	gōngtíng	court
公正	gōngzhèng	justice
工作	gōngzuò	work, job
关(闭)	guān (bì)	to turn off, to close, to lock up
官(员)	guān (yuán)	official
观察	guānchá	observation
管理	guǎnlǐ	management
关系	guānxì	relationship
关心	guānxīn	to care, concern
关于	guānyú	about
规定	guīdìng	regulation, to make a rule
规则	guīzé	rule, regulation
贵族	guìzú	aristocrat

顾客	gùkè	customer
过	guò	to pass, (after verb to indicate past tense)
国(家)	guó (jiā)	country
过程	guòchéng	process
过错	guòcuò	fault
过去	guòqù	past, to pass by
故事	gùshi	story
顾问	gùwèn	consultant
故意	gùyì	deliberately
还	hái	still, also, again
害	hài	harm
海(洋)	hǎi (yáng)	ocean
孩(子)	hái (zi)	child
还有	hái yǒu	and also
海岸	hǎi'àn	coastal
害怕	hàipà	fear, scared
还是	háishì	still is
汗	hàn	sweat
行	háng	row, line, element
好	hǎo	good
好战	hào zhàn	belligerent
好处	hǎochù	benefit
好奇(心)	hàoqí (xīn)	curiosity
和	hé	and, with
河(流)	hé (liú)	river
很	hěn	very

和平	hépíng	peace
和音	héyīn	harmony
洪	hóng	flood
红(色)	hóng (sè)	red
后	hòu	after, back, behind
后来	hòulái	later
后面	hòumiàn	later, behind
化	huà	to melt
画	huà	to paint, painting
话	huà	word, speech
坏处	huàichù	disadvantage, harm
画家	huàjiā	painter
换	huàn	to exchange, to trade
皇帝	huángdì	emperor
欢迎	huānyíng	welcome
回	huí	to return
会	huì	will, able to, meet
回答	huídá	to reply
恢复	huīfù	to recover
回来	huílái	to come back
回头	huítóu	to turn back
回忆	huíyì	memory
会议	huìyì	meeting
活(着)	huó (zhe)	alive, to live
或(者)	huò (zhě)	or
活下去	huó xiàqu	survive

获得	huòdé	obtained
货物	huòwù	cargo
互相	hùxiāng	each other
几	jǐ	several
记(住)	jì (zhù)	to remember
假	jiǎ	fake
加	jiā	plus, to add
家	jiā	family, home, one who does (-er, -ian, -ist)
价格	jiàgé	price
加快	jiākuài	accelerate
件	jiàn	(measure word for clothing, matters)
间	jiān	in between, (measure word for room)
见(面)	jiàn (miàn)	to see, to meet
坚持	jiānchí	to insist
简单	jiǎndān	simple
讲	jiǎng	to speak
将(军)	jiāng (jūn)	general, high ranking officer
将来	jiānglái	future
奖励	jiǎnglì	reward
建立	jiànlì	to establish
减弱	jiǎnruò	weakened
减少	jiǎnshǎo	decrease
建筑	jiànzhù	building, structure
叫	jiào	to call, to shout
教	jiào	religion
交	jiāo	to hand over, to intersect

教(会)	jiāo (huì)	to teach
教会	jiàohuì	church
交流	jiāoliú	communication
教堂	jiàotáng	church
教育	jiàoyù	education
家人	jiārén	family, family members
加入	jiārù	to join
家庭	jiātíng	family
价值	jiàzhí	value
家族	jiāzú	family
即便	jíbiàn	even if
级别	jíbié	rank
基础	jīchǔ	base
记得	jìde	to remember
基督教	Jīdūjiào	christianity
解	jiě	untie
结(婚)	jié (hūn)	to marry
节(日)	jié (rì)	festival (day)
街道	jiēdào	street
解决	jiějué	to solve, settle, resolve
结实	jiēshi	strong
接受	jiēshòu	to accept
结束	jiéshù	to finish, the end
几乎	jīhū	almost
计划	jìhuà	plan
机会	jīhuì	opportunity

积极	jījí	positive
进	jìn	to advance, to enter
仅	jǐn	only
巾	jīn	scarf
敬	jìng	respect
精(神)	jīng (shén)	spirit
经常	jīngcháng	often
经过	jīngguò	after, through
经济	jīngjì	economy
尽管	jǐnguǎn	although
经验	jīngyàn	experience
竞争	jìngzhēng	competition
尽量	jǐnliàng	as much as possible
进入	jìnrù	to enter
金属	jīnshǔ	metal
今天	jīntiān	today
进行	jìnxíng	to perform a task
紧张	jǐnzhāng	nervous, tension
极其	jíqí	extremely
机器	jīqì	machine
即使	jíshǐ	even if
技术	jìshù	skill, ability
就	jiù	just, right now
旧	jiù	old, worn
九	jiǔ	nIne
就是	jiùshì	just is

继续	jìxù	to continue
剧	jù	drama
句(子)	jù (zi)	sentence
剧场	jùchǎng	theater
觉得	juéde	to feel
决定	juédìng	to decide
鞠躬	jūgōng	to bow down
拒绝	jùjué	to refuse
军队	jūnduì	army
开放	kāifàng	to blossom, to lift a restriction
开始	kāishǐ	to start, beginning
开心	kāixīn	happy
看(见)	kàn (jiàn)	to look, to read
看成	kàn chéng	regarded as
看起来	kàn qǐlái	it looks like
看上去	kàn shàngqù	it looks like
看法	kànfǎ	opinion
看看	kànkan	to have a look
靠	kào	to depend on, to lean on
靠近	kàojìn	near
考虑	kǎolǜ	to consider
考试	kǎoshì	examination
科技	kējì	technology
可能	kěnéng	maybe
可怕	kěpà	frightening, terrible
客人	kèrén	guest

科学	kēxué	science
可以	kěyǐ	can, may
空间	kōngjiān	space
控制	kòngzhì	control
苦	kǔ	bitter, miserable
哭	kū	to cry
快	kuài	fast
宽	kuān	width
困惑	kùnhuò	confused
困难	kùnnan	difficulty
拉	lā	to pull
来	lái	to come, to arrive
来自	láizì	to come from
老	lǎo	old
老师	lǎoshī	teacher
了	le	(indicates completion)
乐	lè	happy
累	lèi	tired
冷	lěng	cold
冷静	lěngjìng	calm
离	lí	away from, to leave
力	lì	force
里	lǐ	a chinese mile (500 meters)
里(面)	lǐ (miàn)	inside
连	lián	even, to connect
两	liǎng	two, chinese ounce

粮食	liángshi	grain
联系	liánxì	to connect
了解	liǎojiě	to understand
厉害	lìhai	sharp, intense, ferocious
理解	lǐjiě	to understand
离开	líkāi	to leave
另一	lìng yī	another
邻居	línjū	neighbor
历史	lìshǐ	history
流	liú	to flow, to leak, to drain
留	liú	to stay
六	liù	six
流行	liúxíng	popular
楼	lóu	building, floor of a building
路	lù	road
乱	luàn	chaotic, messy, confused
旅行	lǚxíng	travel
吗	ma	(indicates a question)
马	mǎ	horse
麻烦	máfan	trouble
卖	mài	to sell
买	mǎi	to buy
忙	máng	busy
贸易	màoyì	trade
马上	mǎshàng	right away
每	měi	every

没(有)	méi (yǒu)	no, have not
没了	méi le	gone
们	men	(indicates plural)
门	mén	door, gate
米(饭)	mǐ (fàn)	rice
面	miàn	side, surface, noodles, face, (measure word for flat things)
面对	miànduì	to face
民	mín	people
名	míng	(measure word for people)
名(字)	míng (zi)	first name, name, (measure word for an occupation or profession)
明白	míngbai	to understand, clear
命令	mìnglìng	command
明确	míngquè	clearly
名士	míngshì	celebrities
民间	mínjiān	folk, among the people
民族	mínzú	nation
母亲	mǔqīn	mother
穆斯林	Mùsīlín	Muslim
拿	ná	to take, to pick up
那	nà	that
拿下	náxià	to take down, to capture
拿走	názǒu	take away
奶奶	nǎinai	grandmother
耐心	nàixīn	patience
那里	nàlǐ	there

南	nán	south
男	nán	male
难	nán	difficult
那时	nàshí	at that time
那些	nàxiē	those ones
那样	nàyàng	that way
内	nèi	inside, inner
内部	nèibù	interior
能	néng	can
能够	nénggòu	able to, capable of
能力	nénglì	ability
你	nǐ	you (male)
年	nián	year
年纪	niánjì	age
年轻	niánqīng	young
牛	niú	cow, bull, ox
农(田)	nóng (tián)	farm
农村	nóngcūn	countryside
农民	nóngmín	farmer
农业	nóngyè	agriculture
努力	nǔlì	to work hard
女人	nǚrén	woman
怕	pà	afraid
排	pái	row, (measure word for row)
旁(边)	páng (biān)	beside
叛乱	pànluàn	rebellion

碰	pèng	to touch
朋友	péngyou	friend
片	piàn	(measure word for flat objects)
平	píng	flat
平时	píngshí	usually
批评	pīpíng	criticism
破坏	pòhuài	to destroy
仆(人)	pú (rén)	servant
普通	pǔtōng	ordinary
骑	qí	to ride (animal)
起	qǐ	to rise, start, from, to get up
七	qī	seven
前	qián	in front, before
钱	qián	money
千	qiān	thousand
钱币	qiánbì	coin
墙(壁)	qiáng (bì)	wall
强(大)	qiáng (dà)	powerful
前进	qiánjìn	forward
起床	qǐchuáng	to get out of bed
祈祷	qídǎo	prayer
奇怪	qíguài	strange
期间	qījiān	period
起来	qǐlái	(after verb, indicates start of an action)
情	qíng	feeling
请	qǐng	please

轻	qīng	lightly
清(楚)	qīng (chu)	clear
轻松	qīngsōng	easy
清真寺	qīngzhēnsì	mosque
庆祝	qìngzhù	to celebrate
亲戚	qīnqi	relative
穷	qióng	poor (having no money)
其他	qítā	other
其中	qízhōng	among
去	qù	to go
取	qǔ	to take off
全(部)	quán (bù)	all, entire
权(力)	quán (lì)	power, authority
权利	quánlì	rights
却	què	but
缺少	quēshǎo	lacking
群	qún	group, (measure word for group)
取暖	qǔnuǎn	heating
取消	qǔxiāo	cancel
让	ràng	to let, to cause
然后	ránhòu	then
人	rén	person, people
热闹	rènao	lively
仍然	réngrán	still, yet
人民	rénmín	people
人群	rénqún	crowd

认识	rènshi	to understand
认为	rènwéi	to believe
任务	rènwù	mission
认真	rènzhēn	serious
日(子)	rì (zi)	day, days of life
日历	rìlì	calendar
日期	rìqī	date
容易	róngyì	easy
如果	rúguǒ	if
儒家	Rújiā	confucianism
弱	ruò	weak
儒学	Rúxué	confucianism
三	sān	three
僧人	sēngrén	monk
杀	shā	to kill
山	shān	mountain
上	shàng	top, on
伤(害)	shāng (hài)	to hurt
商店	shāngdiàn	store
上涨	shàngzhǎng	to rise
少	shǎo	less
少见	shǎojiàn	rare
社会	shèhuì	society
射箭	shèjiàn	archery
深	shēn	late, deep
身(体)	shēn (tǐ)	body

神(仙)	shén (xiān)	spirit, god
生(活)	shēng (huó)	to give birth, to grow out, life
生活方式	shēnghuó fāngshì	lifestyle
胜利	shènglì	victory
生命力	shēngmìnglì	vitality
生气	shēngqì	anger
生意	shēngyì	business
声音	shēngyīn	voice
什么	shénme	what?
深远	shēnyuǎn	far-reaching
甚至	shènzhì	even
十	shí	ten
市	shì	city
是	shì	is, are, yes, correct
使	shǐ	to make, to let
诗(歌)	shī (gē)	poetry
时(候)	shí (hou)	time, moment, period
事(情)	shì (qing)	thing, matter
石(头)	shí (tou)	stone
食(物)	shí (wù)	food
试(着)	shì (zhe)	to taste, to try
失败	shībài	failure
士兵	shìbīng	soldier
市场	shìchǎng	market
实际	shíjì	practical
时间	shíjiān	time, period

世界	shìjiè	world
时期	shíqī	period
失去	shīqù	to lose
失望	shīwàng	disappointed
誓言	shìyán	oath
适应	shìyìng	adapt
始终	shǐzhōng	always
首	shǒu	(measure word for music, poems)
受(苦)	shòu (kǔ)	to suffer
收(下)	shōu (xià)	to receive, to collect, to include
受到	shòudào	to receive, to suffer
受欢迎	shòu huānyíng	popular
收税	shōu shuì	to collect taxes
首都	shǒudū	capital city
手下	shǒuxià	subordinates
首先	shǒuxiān	first
数	shù	number
书	shū	book
衰落	shuāiluò	decline
书本	shūběn	books
书法	shūfǎ	calligraphy
舒服	shūfu	comfortable
谁	shuí	who
税	shuì	tax
水	shuǐ	water
说(话)	shuō (huà)	to say

说明	shuōmíng	to explain
四	sì	four
死	sǐ	die
思	sī	thought
丝(绸)	sī (chóu)	silk cloth
寺(庙)	sì (miào)	temple
思想	sīxiǎng	idea
送(给)	sòng (gěi)	to give a gift
算	suàn	to calculate, to count
岁	suì	years of age
随便	suíbiàn	casual
虽然	suīrán	although
随着	suízhe	along with
孙子	sūnzi	grandson
所以	suǒyǐ	so
所有	suǒyǒu	all
他	tā	he, him
她	tā	she, her
它	tā	it
太	tài	too, very
太阳	tàiyang	sunlight
逃(走)	táo (zǒu)	to escape
逃离	táolí	to escape
讨论	tǎolùn	to discuss
特别	tèbié	special
特点	tèdiǎn	feature

天	tiān	day, sky
天亮	tiānliàng	dawn
天命	tiānmìng	mandate of heaven
天气	tiānqì	weather
条	tiáo	(measure word for long, narrow, flexible things)
提出	tíchū	to propose
铁	tiě	iron
提高	tígāo	to increase, to improve
提供	tígōng	to supply, to offer, to provide
廷	tíng	royal court
听	tīng	to listen, to hear
停(止)	tíng (zhǐ)	to stop
听起来	tīng qǐlái	sounds like
提醒	tíxǐng	to remind, reminder
痛(苦)	tòng (kǔ)	pain, suffering
通过	tōngguò	pass
同情	tóngqíng	compassion, pity
同时	tóngshí	in the meantime
同样	tóngyàng	likewise
同意	tóngyì	to agree
同一	tóngyī	same
统一	tǒngyī	unite
统治	tǒngzhì	to rule
统治者	tǒngzhìzhě	ruler
头	tóu	head
投降	tóuxiáng	to surrender

土	tǔ	dirt, earth
团结	tuánjié	unity
土地	tǔdì	land
突然	tūrán	suddenly
外(面)	wài (miàn)	outside
外来	wàilái	foreign
玩	wán	to play
万	wàn	ten thousand
晚	wǎn	late, night
王	wáng	king
往	wǎng	towards, in the past
完美	wánměi	perfect
完全	wánquán	completely
晚上	wǎnshang	evening, night
为	wéi	for, as
位	wèi	place, (measure word for people (polite))
为了	wèi le	in order to
伟大	wěidà	great
违法	wéifǎ	illegal
危险	wēixiǎn	danger
问	wèn	to ask
稳定	wěndìng	stable
文化	wénhuà	culture
问题	wèntí	problem, question
文字	wénzì	text
我	wǒ	i, me

物	wù	thing
误	wù	wrong
五	wǔ	five
屋(子)	wū (zi)	small house, room
武器	wǔqì	weapon
西	xī	west
下	xià	down, under
夏(天)	xià (tiān)	summer
下来	xiàlai	to come down
先	xiān	first
像	xiàng	like, to resemble, statue, portrait
向	xiàng	towards
想	xiǎng	to want, to miss, to think of
想要	xiǎngyào	would like to
想法	xiǎngfǎ	idea, thought
相反	xiāngfǎn	on the contrary
项目	xiàngmù	project
想起	xiǎngqǐ	to remember
享受	xiǎngshòu	to enjoy
相同	xiāngtóng	same
详细	xiángxì	details
相信	xiāngxìn	to believe, to trust
线条	xiàntiáo	line
现在	xiànzài	now
笑	xiào	to laugh
小	xiǎo	small

小包	xiǎobāo	small packets
小麦	xiǎomài	wheat
小米	xiǎomǐ	millet
消失	xiāoshī	to disappear
消息	xiāoxi	news
小心	xiǎoxīn	careful
写	xiě	to write
些	xiē	some, several
鞋(子)	xié (zi)	shoe
血	xiě, xuè	blood
习惯	xíguàn	habit
喜欢	xǐhuan	to like
戏(剧)	xìjù	play (theatrical)
心	xīn	heart, mind
新	xīn	new
行动	xíngdòng	action
性格	xìnggé	personality
星星	xīngxing	stars
心情	xīnqíng	feeling
信任	xìnrèn	to trust
信息	xìnxī	information
信心	xìnxīn	confidence
信仰	xìnyǎng	faith
习俗	xísú	custom
希望	xīwàng	to hope
宣布	xuānbù	to announce

选择	xuǎnzé	selection
雪	xuě	snow
学(会)	xué (huì)	to learn
学(习)	xué (xí)	to study, to learn
学会	xuéhuì	society
学校	xuéxiào	school
需要	xūyào	to need
淹	yān	flood
羊	yáng	goat, sheep
养(育)	yǎng (yù)	to nurture
严格	yángé	strict
样子	yàngzi	look, appearance
研究	yánjiū	to study
眼泪	yǎnlèi	tears
严重	yánzhòng	serious, severe
要	yào	to want
要么	yàome	or
邀请	yāoqǐng	to invite
要求	yāoqiú	to request
夜	yè	night
也	yě	also
夜晚	yèwǎn	night
也许	yěxǔ	maybe, not sure
爷爷	yéye	grandfather, paternal grandfather
易	yì	easy
一	yī	one

一部分	yí bùfèn	a portion
一点(点)	yì diǎn (diǎn)	a little bit
一个人	yí gè rén	alone, one person
一会儿	yìhuǐr	a while
一边	yìbiān	on the side
移动	yídòng	move
衣服	yīfu	clothes
一共	yígòng	altogether
以及	yǐjí	as well as
一家	yìjiā	a family
意见	yìjiàn	opinion
已经	yǐjīng	already
印	yìn	to print
因(为)	yīn (wèi)	because
银(子)	yín (zi)	silver (metal)
因此	yīncǐ	therefore
赢	yíng	to win
应(该)	yīng (gāi)	should
影响	yǐngxiǎng	influence
英雄	yīngxióng	hero
引起	yǐnqǐ	cause
一起	yìqǐ	together
以前	yǐqián	before
一切	yíqiè	everything
一生	yìshēng	lifetime
仪式	yíshì	ritual

艺术	yìshù	art
艺术家	yìshùjiā	artist
意思	yìsi	meaning
伊斯兰教	Yīsīlánjiào	islam
一样	yíyàng	same
一直	yìzhí	all the time
用	yòng	to use
勇敢	yǒnggǎn	brave
用心	yòngxīn	attentively
由	yóu	from, by, because of
又	yòu	again, also
有	yǒu	to have
有权	yǒu quán	have power
有的	yǒude	some
有点	yǒudiǎn	a little bit
有关	yǒuguān	relating to
有了	yǒule	yes, got it
有名	yǒumíng	famous
尤其	yóuqí	especially
有时	yǒushí	sometimes
有些	yǒuxiē	some
有用	yǒuyòng	useful
由于	yóuyú	because
与	yǔ	and, with
遇(到)	yù (dào)	to encounter, to meet

元	yuán	yuan
远	yuǎn	far
原来	yuánlái	turn out to be, original
原因	yuányīn	cause, origin
月(亮)	yuè (liang)	month, moon
越来越	yuèláiyuè	more and more
越过	yuèguò	cross
遇见	yùjiàn	to meet
运	yùn	transport
运动	yùndòng	movement
运河	yùnhé	canal
运送	yùnsòng	shipping
欲望	yùwàng	desire
语言	yǔyán	language
再	zài	again
在	zài	in, at
再也(不)	zài yě (bù)	never again
灾害	zāihài	disaster
在乎	zàihu	to care
造	zào	to make
早	zǎo	early
造成	zàochéng	cause
早上	zǎoshang	morning
增加	zēngjiā	increase
怎么	zěnme	how?
怎样	zěnyàng	how

责任	zérèn	responsibility
站	zhàn	to stand
战(争)	zhàn (zhēng)	war
战斗	zhàndòu	to fight
长	zhǎng	to grow, head of organization
章	zhāng	chapter
帐篷	zhàngpéng	tent
战士	zhànshì	warrior
找不到	zhǎo bu dào	can't find
着	zhe	(indicates action in progress)
这	zhè	this
这里	zhèlǐ	here
真(正)	zhēn (zhèng)	true, real
政府	zhèngfǔ	government
征服	zhēngfú	to conquer
整个	zhěnggè	entire
整理	zhěnglǐ	tidy
争论	zhēnglùn	to argue
证明	zhèngmíng	to prove
正在	zhèngzài	(-ing)
政治	zhèngzhì	politics
真是	zhēnshì	really
真正	zhēnzhèng	true, real
这样	zhèyàng	such
只	zhǐ	only
纸	zhǐ	paper

知(道)	zhī (dào)	to know
只能	zhǐ néng	can only
支撑	zhīchēng	support
支持	zhīchí	support
直到	zhídào	until
指导	zhǐdǎo	guidance
制度	zhìdù	system
之后	zhīhòu	after, later
之间	zhījiān	between
直接	zhíjiē	direct
之前	zhīqián	before
知识	zhīshi	knowledge
只要	zhǐyào	as long as
种	zhòng	to plant
重	zhòng	heavy, hard
中	zhōng	in, middle, center, among
忠诚	zhōngchéng	loyalty
重大	zhòngdà	major
中心	zhōngxīn	center
重要	zhòngyào	important
终于	zhōngyú	eventually
住	zhù	to live, to hold, (verb complement)
抓(住)	zhuā (zhù)	to arrest, to grab, to scratch
庄稼	zhuāngjia	crops
专家	zhuānjiā	expert
准备	zhǔnbèi	to prepare

准确	zhǔnquè	accurate
主人	zhǔrén	owner, master
主要	zhǔyào	main
注意	zhùyì	to notice, caution
字	zì	written character
子	zǐ	child
自己	zìjǐ	oneself
自然	zìrán	nature
仔细	zǐxì	careful
自信	zìxìn	confidence
自由	zìyóu	freedom
总	zǒng	total
宗教	zōngjiào	religion
总是	zǒngshì	always
走	zǒu	to go, to walk
走路	zǒulù	to walk
族	zú	clan
组成	zǔchéng	composition
最	zuì	most
罪(行)	zuì (xíng)	crime
最后	zuìhòu	last
尊(敬)	zūn (jìng)	respect
遵守	zūnshǒu	to comply
作	zuò	done
做	zuò	to do, to make
坐	zuò	to sit

座	zuò	seat, (measure word for mountains, temples, big houses)
作家	zuòjiā	writer
做事	zuòshì	work
作用	zuòyòng	effect
祖先	zǔxiān	ancestor
组织	zǔzhī	to organize

About the Authors

Jeff Pepper (author) is CEO of Imagin8 Press, and has written dozens of books about Chinese language and culture. Over his career he has founded and led several successful computer software firms, including one that became a publicly traded company. He's authored two software related books and was awarded three U.S. patents.

Dr. Xiao Hui Wang (translator) has an M.S. in Information Science, an M.D. in Medicine, a Ph.D. in Neurobiology and Neuroscience, and decades of years experience in academic and clinical research. She has taught Chinese and has extensive experience in translating Chinese to English and English to Chinese.